CUATRO COPAS

Unilit

Sepa

CHRIS HODGES

Autor de superventas
del *New York Times*

CUATRO COPAS

Promesas eternas de Dios para vivir a plenitud

Publicado por
Unilit
Medley, FL 33166

Primera edición 2015

Traducción: *Juan Rojas*
Fotografía de la copa © Petr Malyshev/Shutterstock. Todos los derechos reservados.
Fotografía de la tela © Ford Photography/Shutterstock. Todos los derechos reservados.
Fotografía de la textura © ilolab/Shutterstock. Todos los derechos reservados.
Fotografía del vino © topseller/Shutterstock. Todos los derechos reservados.
Fotografía del autor tomada por Jason Wallis, © 2012. Todos los derechos reservados.
Diseño de Nicole Grimes

Producto 495858 • ISBN 0-7899-2197-9 • ISBN 978-0-7899-2197-0

Impreso en Colombia / *Printed in Colombia*

Categoría: Vida cristiana /Crecimiento espiritual /General
Category: Christian Living /Spiritual Growth /General

A los pastores y al equipo de Church of the Highlands:
Ustedes comparten mi visión y mis sentimientos en cuanto a
estos principios. El amor que le tienen a Dios y a las personas
están cambiando al mundo. Me siento honrado de vivir
y ministrar con ustedes.

CONTENIDO

Prólogo de Larry Stockstill ix

CAPÍTULO 1: Promesas, promesas 1

CAPÍTULO 2: Libres por fin 11

CAPÍTULO 3: Libertad en Cristo 25

CAPÍTULO 4: La Copa de Santificación 33

CAPÍTULO 5: La Copa de Liberación 45

CAPÍTULO 6: La Copa de Redención 59

CAPÍTULO 7: La Copa de Alabanza 71

EPÍLOGO: Un modelo para los líderes de la iglesia..........87

Notas 101

Reconocimientos.................................103

Acerca del Autor................................105

PRÓLOGO

Alzaré la copa de la salvación, e invocaré el nombre del SEÑOR.

SALMO 116:13, LBLA

HE QUEDADO FASCINADO recientemente con «la mesa del Señor». El pacto de Dios se reduce a una cena, a una «copa» que sella y garantiza todas las promesas de ese pacto. Esa copa es la garantía del «nuevo pacto» que Jesús les sirvió a sus discípulos: «Esta copa es el nuevo pacto en mi sangre» (Lucas 22:20, NVI®).

El libro que tienes en tus manos es una de las mejores explicaciones de la «copa» del pacto que jamás hayas leído. Esta poderosa copa es rica en el significado que se hizo claro en la primera cena pascual que Israel celebró en Egipto.

Como he pastoreado durante más de treinta años, he visto gente que lucha en casa en cada uno de los siguientes asuntos: libertad del pecado, liberación de ataduras, búsqueda de propósito en la vida y satisfacción en la vida. La «copa del Señor» es más bien cuatro copas diferentes, cada una de las cuales promete libertad, liberación, propósito y plena satisfacción. *¡Qué maravilla!*

Estoy convencido de que si cada creyente, cada iglesia en el mundo, agarrara estos cuatro contundentes principios, la iglesia avanzaría hacia nada menos que un avivamiento. He visto creyentes promedios, moderados, tibios y medio interesados convertirse en creyentes poderosos, apasionados y activos cuando se convencieron de su *total* libertad del pasado, se *liberaron* de la esclavitud, *descubrieron* el propósito de su vida, ¡y se *lanzaron* a una vida de servicio!

Desde 2001, y a través de estos cuatro principios, la iglesia *Church of the Highlands* ha pasado de ser un puñado de creyentes a ser un «equipo de lanzamiento» para las decenas de miles de personas que asisten cada semana. No son complicados, pero cambian vidas. Como he ministrado en *Highlands* numerosas veces, he visto en acción a algunos de los más apasionados, poderosos y decididos miembros que hallarás en cualquier parte del mundo.

Conozco al joven pastor Chris Hodges desde que se convirtió en Bethany a los quince años de edad. Sirvió allí con mucha fidelidad como nuestro pastor de jóvenes y uno de los más eficientes pastores asociados. Su vida, su matrimonio y sus motivos son impecables. Su esposa, Tammy, su madre (su padre está ahora en el cielo), sus hermanos y su hijos son parte muy activa del dinamismo de *Highlands* que está ganándose a Alabama... y ahora a América y al mundo.

¡No pongas a un lado este libro hasta que bebas de las cuatro copas! El plan que Dios tiene para tu vida, lo que llegarás a ser, el gozo de sentirte realizado y tu recompensa eterna pudieran depender de con cuánta lentitud y cuidado digieres este libro. Si Dios te prepara mesa y te ofrece estas cuatro copas, ¿no beberás de ellas hasta la última gota?

No fue por accidente que este libro se abrió paso hasta tus manos. Creo que Jesucristo, quien derramó su preciosa sangre por ti, esté diciéndote ahora mismo: «Concédeme un rato contigo. Cena conmigo. Recibe todas mis promesas y bendiciones. Déjame transformar tu vida, cambiar tu pasado y alumbrar tu futuro».

Hala una silla.

Larry Stockstill

CAPÍTULO UNO

PROMESAS, PROMESAS

*Alabo tu nombre por tu amor
inagotable y tu fidelidad, porque tus
promesas están respaldadas por todo
el honor de tu nombre.*

SALMO 138:2

DIOS TE HA HECHO ALGUNAS PROMESAS. Las hizo al principio mismo. No al principio de tu vida, sino al principio de la fe misma. Son promesas que brotan de su corazón, y jamás han cambiado. Son la clave para que te sientas realizado en la vida... lo mismo en esta vida que en la venidera.

Dios promete rescatarte de la esclavitud.

Promete librarte de cualquier cosa que no te deje avanzar.

Promete ayudarte a descubrir la intención original que tiene con tu vida.

Y promete hacernos parte de una familia que está marcando una diferencia en el mundo.

Las promesas de Dios son centrales en lo que a menudo llamamos «el misterio de la fe», la forma en que vivimos la vida en respuesta al amoroso llamado de Dios. Aunque Dios le expresó sus promesas a su pueblo hace miles de años, generación tras generación, según el apóstol Pablo, no captaron su importancia.

La sabiduría de la que hablamos es el misterio de Dios, su plan que antes estaba escondido, aunque él lo hizo para nuestra gloria final aún antes que comenzara el mundo; pero los gobernantes de este mundo no lo entendieron; si lo hubieran hecho, no habrían crucificado a nuestro glorioso Señor. A eso se refieren las Escrituras cuando dicen:

*«Ningún ojo ha visto, ningún oído ha escuchado,
    ninguna mente ha imaginado,
lo que Dios tiene preparado
    para quienes lo aman».*

I CORINTIOS 2:7-9

* * *

Quizá estés pensando que las promesas ya no tienen mucha importancia.

Cada día, hombres y mujeres se prometen estar juntos por el resto de la vida, y con todo muchas parejas se separan pocos años después. Los políticos prometen esperanza y cambios a fin de revertir la resbalosa cuesta de una economía en problemas y restaurar la confianza del pueblo, pero muy raras veces cumplen con las promesas de sus campañas políticas... antes de que se aproximen las siguientes elecciones. Los negocios prometen atender bien a sus empleados, y todos hablan de crear nuevos empleos, pero la reducción de plantilla y la subcontratación se han vuelto la norma.

Es muy probable que hayas oído muchísimas promesas en el pasado. Y es muy probable que algunas de esas promesas, sino todas, no las hayan cumplido. En la casa, en el trabajo, y aun en la iglesia, a las personas les cuesta mucho trabajo cumplir lo prometido.

Si definimos una promesa como «un ofrecimiento con un resultado garantizado», no debe sorprendernos que Dios sea el único que puede cumplir siempre sus promesas. Cuando nos promete algo, lo cumple siempre. Quizá no lo cumpla de la manera en que queremos o esperamos, ni en el momento en que lo queremos, pero Dios siempre cumple. Cuando te da su palabra, la mantiene.

Dios no es un hombre, por lo tanto no miente. Él no es humano, por lo tanto no cambia de parecer. ¿Acaso alguna vez habló sin actuar? ¿Alguna vez prometió sin cumplir?

NÚMEROS 23:19

* * *

Cuando alguien hace una promesa, capta nuestra atención. Por ejemplo, cuando alguien nos dice: «Te prometo que te va a gustar», sabemos que esa persona quiere intrigarnos, estimular nuestra imaginación, y logra que probemos algo nuevo. Cuando Dios nos promete algo, espera captar nuestro interés para que experimentemos la plenitud de la emocionante travesía que nos ha preparado.

Todos estamos en un camino espiritual. Y no importa en qué etapa del camino estés (ya sea que hayas sido un seguidor de Cristo la mayor parte de tu vida o acabes de entregarte al Señor, o quizá estés entre las dos etapas) es probable que anheles más. Tal vez estés en un compás de supervivencia. Tratas de mantener la cabeza fuera del agua permaneciendo en un trabajo, pagando tus cuentas y manteniendo a tus hijos. O quizá estés viviendo en una rutina espiritual: Tu fe antes era una llena de vida, pero ahora la sientes debilitada. Quizá estés experimentando el maravilloso gozo de viajar junto a Dios, pero quisieras saber cómo hablarle de tu fe con mayor eficiencia a otras personas.

En cuanto a dónde estás, no eres la única persona que quiere avanzar todavía más. Todos queremos saber dónde estamos, hacia dónde nos dirigimos y cómo vamos a llegar allá. Queremos estar capacitados para la peregrinación de la vida y equipados por Dios para hacer más que apenas sobrevivir. Queremos experimentar el gozo abundante, la paz y la satisfacción que nos prometió el Señor.

Aunque es tentador pensar que el proceso del desarrollo espiritual consiste en obedecer un montón de reglas y directrices, es mucho más simple que eso. Cuando leemos en la Biblia la historia del pueblo escogido de Dios, la nación de Israel, descubrimos que Dios les hizo cuatro promesas muy importantes a sus hijos.

En ese tiempo los israelitas eran esclavos en Egipto. Muchos años antes, emigraron hacia el sur desde Canaán para sobrevivir a una terrible hambruna que devastó la tierra. Como la población hebrea iba creciendo, los egipcios llegaron a sentirse amenazados y forzaron a los hebreos a trabajar como esclavos. Sin embargo, Dios no habría de dejar que su pueblo escogido permaneciera esclavo en una tierra extraña.

Dios levantó a Moisés para que guiara al pueblo de Israel a una nueva tierra, a la Tierra Prometida. Después de unas prolongadas negociaciones con el faraón en las que Dios reveló su poder en una serie de plagas contra los egipcios, se produjo un estancamiento con el terco líder que todavía no quería darles la libertad a los israelitas. A fin de romper el estancamiento, al Ángel de la muerte se le permitió visitar a cada hogar, egipcio y hebreo por igual, y cobrarse la vida de cada primer hijo varón. Sin embargo, se le instruyó «pasar de largo» los hogares hebreos en los que el marco de sus puertas estuviera señalado con la sangre de un cordero, y dejar que el primer hijo varón de ese hogar siguiera con vida. Con esa terrible demostración de poder, Dios dejó bien claro que no solo iba a salvar a su pueblo, sino que los conduciría a una vida de libertad que ni siquiera podían imaginar.

Así que Dios les dio cuatro promesas:

1. «Te libertaré de la opresión».
2. «Te rescataré de tu esclavitud en Egipto».
3. «Te redimiré con mi brazo poderoso y con grandes actos de juicio».
4. «Te tomaré como pueblo mío y seré tu Dios».

Estas cuatro promesas que aparecen en Éxodo 6:6-7 establecieron el fundamento de Israel como nación y fueron elementos cruciales de su celebración anual de la fidelidad de Dios, que todavía observan hoy día, conocida como Pascua. En este acontecimiento anual se utilizan cuatro copas de vino para conmemorar y celebrar las cuatro promesas de Dios. Estas cuatro copas de promesas, como las llaman, tienden un puente entre la historia antigua y el futuro. Para las familias judías, es como la celebración del Día de la Independencia, un tiempo para recordar cuando Dios los sacó de la esclavitud en Egipto y los condujo a la libertad, la redención y la realización.

Estas cuatro copas contienen la misma promesa para nosotros los que ya nos entregamos a Dios y nos injertaron en su familia mediante la muerte, sepultura y resurrección de Jesucristo. Al poner nuestra fe en Jesús, nos convertimos en recipientes de estas «ofertas con un resultado garantizado», lo cual comenzó con la declaración divina de lo que hará por nosotros si se lo permitimos. Estas promesas son fundamentales en los deseos de Dios de conocer y amar a sus hijos. Aunque la mayoría de los cristianos no está familiarizada con estas, los detalles de la celebración de la Pascua contienen la clave de lo que Dios quiere hacer en nuestras vidas ahora mismo.

$$* \ * \ *$$

Cada una de las cuatro copas revela la presencia de Dios de una forma singular y extraordinaria. A medida que vamos descubriendo los antecedentes y el significado bíblico detrás de estas cuatro copas, quiero mostrarte en qué sentido cada copa es también muy *personal* de manera exclusiva. No solo es fascinante como trasfondo, pues estoy convencido de que estas cuatro promesas revelan también el proceso del desarrollo interactivo, transformación espiritual, que continúa produciéndose entre Dios y nosotros.

> *Al poner nuestra fe en Jesús, nos convertimos en recipientes de estas «ofertas con un resultado garantizado».*

Aunque todos andamos en un viaje espiritual, nadie ha alcanzado jamás la perfección... ni la alcanzaremos en esta vida. Como dice Pablo: «No quiero decir que ya haya logrado estas cosas ni que ya haya alcanzado la perfección; pero sigo adelante a fin de hacer mía esa perfección para la cual Cristo Jesús primeramente me hizo suyo. No, amados hermanos, no lo he logrado, pero me concentro sólo en esto: olvido el pasado y fijo la mirada en lo que tengo por delante, y así avanzo hasta llegar al final de la carrera para recibir el premio celestial al cual Dios nos llama por medio de Cristo Jesús» (Filipenses 3:12-14). Dios nos llama a crecer y madurar en nuestras relaciones con Él. Sin importar dónde estemos en nuestro viaje espiritual, las cuatro copas de promesas nos proporcionan una manera simple, poderosa e inolvidable de vigilar nuestro progreso en cuanto a acercarnos cada vez más a Dios.

Cada vez que me preguntan el significado del nombre de nuestra iglesia, *Church of the Highlands* [Iglesia de las Tierras Altas], me acuerdo de mi pasión por ayudar a otros. Comencé la iglesia con otros cristianos de una mentalidad semejante porque queríamos alcanzar nuevas alturas y elevar a otros a más altos niveles. Nuestra iglesia se fundamenta en el deseo común que se expresa así: «Tiene que haber algo más».

¿Estás satisfecho con el lugar en que estás? ¿Te gustaría alcanzar mayores alturas?

* * *

Según mi experiencia, nuestro viaje espiritual es como escalar montañas. Cuando vivía en Colorado, me encantaba escalar los más de cincuenta picos de las montañas Rocosas con más de cuatro mil trescientos metros de altura. Aunque solo escalé ocho, nunca me he esforzado tanto ni nunca me he emocionado tanto. Más arriba de la línea de árboles, los puntos de apoyo se volvían cada vez

> *No te conformes con menos de lo mejor que Dios tiene para ti. No acalles esa voz que susurra en tu corazón que tiene que haber algo más.*

más estrechos (y cada paso se volvía cada vez más peligroso) y mientras más alto subía, el aire se iba volviendo menos denso (lo que hacía que cada vez fuera más difícil respirar). Aun así, ¡qué belleza en la cumbre! ¡Extraordinaria! Picos recubiertos de nieve en tonalidades púrpura, azul y gris que se extendían hasta lo que uno alcanzaba a ver. Por muy difícil que hubiera sido la última escalada, después que bajaba, ya tenía muchas ganas de escalar la siguiente.

Quiero conducirte a un viaje hacia la cumbre de algunas montañas espirituales. Cada paso del camino será a la vez desafiante y gratificante. Sin embargo, a medida que aprendas a caminar en las promesas de Dios, te va a sorprender lo bello que puede ser el paisaje.

Dios quiere mucho más para nosotros de lo que pensamos. A veces nos quedamos atascados en nuestras circunstancias y vivimos con vendas en los ojos que nos impiden ver la totalidad del panorama. Al ascender, explorar y aprender a beber de las cuatro copas de promesas, mi esperanza es que sacies tu sed y disfrutes un manantial de gozo, paz y esperanza en medio de la vida con el propósito que te crearon para vivir.

La vida cristiana nunca tuvo el propósito de que fuera un camino llano, repleto de baches de obligaciones, decepciones y mediocridades. No te conformes con menos de lo mejor que Dios tiene para ti. No acalles esa voz que susurra en tu corazón que tiene que haber algo más. No te quedes en la cinta trotadora de la conformidad, caminando con las ideas que tienen otros de lo que debes ser. Dios quiere que tus relaciones con Él sean tan aventureras y emocionantes como escalar el monte Everest. El viaje no será fácil, pero promete ser transformador de vidas.

Quizá los israelitas esperaran que Moisés los condujera de inmediato a su nueva patria en Canaán. En cambio, como recordarás, no les fue tan fácil. Les tomó cuarenta años de experiencia pionera en el desierto, y después una lucha basada en la fe, antes de que fueran capaces de reclamar la Tierra Prometida.

Y por todo el camino los hijos de Israel fueron gruñendo, tropezando y cuestionando a Dios la mayor parte del tiempo.

Sospecho que pensaban en muchos sentidos como nosotros. En la Biblia, Dios hace que sus promesas sean bien fáciles. Tan fáciles que tendemos a esperar un cumplimiento *inmediato*. Cuando no sucede así, pudiéramos empezar a oír las promesas de Dios como retóricas... o solo como históricas. En cualquiera de los casos, pasan a ser para nosotros un bocado más en la mezcla semanal de sobrecarga de información.

> *Sin embargo, las promesas de Dios son verdaderas. Y cuando la vida no tiene sentido, debemos aferrarnos a esas promesas como la base de nuestra fe en Dios y nuestra esperanza en lo que Él va a hacer.*

Sin embargo, las promesas de Dios son verdaderas. Y cuando la vida no tiene sentido, debemos aferrarnos a esas promesas como la base de nuestra fe en Dios y nuestra esperanza en lo que Él va a hacer. El pueblo de Israel creció escuchando y contando las historias de las promesas de Dios a Abraham. En cambio, en algún momento durante los más de cuatrocientos años de esclavitud en Egipto, las historias deben haberse convertido casi en fábulas de un mucho más honroso pasado.

Cuando Dios no actúa conforme a nuestro cronograma, nos sentimos tentados a desechar sus promesas como inciertas o irrelevantes. ¡Pero eso es lo que nuestro enemigo, el diablo, quiere que creamos! Más bien, como Abraham, debemos mantener las promesas de Dios ante nosotros, *en especial* durante las dificultades. «Abraham siempre creyó la promesa de Dios sin vacilar. De hecho, su fe se fortaleció aún más y así le dio gloria a Dios. Abraham estaba plenamente convencido de que Dios es poderoso para cumplir todo lo que promete» (Romanos 4:20-21).

Nuestra fe no es un *simple asentimiento mental* a una serie de datos. Es una firme dependencia y confianza en una *persona* (o sea, Dios), y su capacidad de hacer lo que dice que va a hacer. La fe es *apoyarnos* y *depender* en Dios y sus promesas. Si estás listo a unirte a mí en este viaje para descubrir más sobre la certeza de la fidelidad de Dios, comencemos mirando cómo, cuándo, dónde y por qué Dios nos declara estas cuatro promesas... y lo que cada una significa para nuestra intención de llegar a la cumbre con Él.

A fin de ayudarte a comenzar, he aquí una oración que puedes usar como modelo para pedirle a Dios que te revele sus promesas para ti:

Padre:
Tú sabes dónde estoy y todo lo que sucede en mi vida: las cosas grandes, las cosas pequeñas, los secretos y las cargas. Confío en que puedes encontrarte conmigo donde estoy y revelarme las promesas que tienes para mí. No quiero, Señor, conformarme con menos de lo que consideres lo mejor. Por eso, Señor, guía mis pasos y condúceme a tus alturas.
Amén.

CAPÍTULO DOS

LIBRES POR FIN

*Los israelitas seguían gimiendo bajo el peso
de la esclavitud. Clamaron por ayuda, y
su clamor subió hasta Dios, quien oyó sus
gemidos y se acordó del pacto que había
hecho con Abraham, Isaac y Jacob. Miró
desde lo alto a los hijos de Israel y supo que
ya había llegado el momento de actuar.*

ÉXODO 2:23-25

CASI TODAS LAS PERSONAS, cristianas o no, conocen la historia de cómo Moisés sacó de Egipto a los hijos de Israel. Todos recordamos las historias de la Escuela Dominical y las escenas de la película *Los Diez Mandamientos*, ¿pero te imaginas cómo debe haber sido en realidad? Yo me imagino que fue algo más o menos como esto...

El sol del mediodía abrasaba los lechos secos de los ríos y quemaba las espaldas de los esclavos hebreos. La luz del sol brillaba con enceguecedora intensidad sobre la arena que convertían en ladrillos. Los restos disecados de ranas e insectos muertos recubrían el terreno, y el olor era insoportable. Los capataces egipcios se rascaban las feas llagas purulentas de sus brazos y cuellos. Un grupo de palmeras proporcionaba escaso alivio a las docenas de hombres que fabricaban ladrillos, y no había brisa alguna que aliviara los efectos del sol del desierto.

Uno de los esclavos, Josías, sabía que no habría muchos más días como aquel. A través de las vides había oído hablar de un hombre llamado Moisés (uno de los suyos, aunque se crio en el palacio real egipcio), sobre quien reposaba la mano del Señor. Moisés había hablado con el faraón y le había demandado que les permitiera a los hebreos que regresaran a su tierra. Cuando el faraón lanzó una carcajada al oír tal petición y amenazó a Moisés de meterlo en la cárcel y torturarlo, la vara de Moisés de repente cobró vida y se le enroscó en la mano transformada en una poderosa serpiente que avanzó retorciéndose hacia el faraón.

Ambos hombres salieron ilesos del encuentro, pero Moisés les recalcó que habría consecuencias más mortales que el veneno de una serpiente si el faraón no obedecía la orden del Señor de dejar ir al pueblo de

Israel. Entonces, comenzaron las plagas. El río y todas las aguas se volvieron sangre. Del cielo llovieron ranas e insectos y retumbó con el trueno que hizo temblar los edificios hasta sus cimientos.

El faraón iba de atrás para delante. En un momento decía que estaba de acuerdo con que los israelitas se fueran, pero cuando cesaba la plaga, cancelaba la decisión. En cambio, ahora, corrió la voz de que la plaga más mortal estaba a punto de llegar. Puesto que el faraón no obedecía la orden de Dios, la muerte visitaría a todas las familias egipcias y moriría el primer hijo varón de cada familia. Sin embargo, Yahveh había preparado la manera de salvar a cada primer hijo varón de los hebreos: Si untaban el marco de la puerta de sus casas con la sangre de un cordero que sacrificaran, el ángel pasaría de largo por esa casa.

El sudor le corría a Josías por la tostada y musculosa espalda. Sus hombros le dolían por levantar ladrillos y amontonarlos en palés para transportarlos a las construcciones que se hacían en Pitón. Su pueblo ya había sufrido la indignidad de la esclavitud por demasiado tiempo. Los egipcios trataban mejor a las bestias que a los hebreos. Y al hermano de Josías lo mataron a golpes por una presunta falta de respeto a su dueño.

Sin embargo, su Dios no los había olvidado. Les prometió salvarlos, preservar a su pueblo y guiarlo a la libertad y a una tierra que fluía leche y miel. La hora se aproximaba. Ya había transcurrido la mitad del día y pronto el sol se pondría y descenderían las tinieblas. El Señor iba a cumplir su promesa de darles la libertad y conducirlos a un lugar donde vivirían en armonía y paz los unos con los otros. La promesa de Dios se cumpliría esa misma noche.

* * *

Quizá no fuera así del todo, pero es difícil no imaginarnos lo que el pueblo de Israel debe haber estado pensando y sintiendo cuando Dios por fin empezó a cumplir las promesas que les hizo. Claro que hubo momentos en que se entregaban a la desesperación. Es probable que trataran entonces de recordar las bondades de Dios en el pasado, pero debe haberles sido duro con los amos egipcios que los rodeaban látigo en mano. Sí, conocían los relatos de cómo Dios salvó a sus antepasados de una hambruna terrible que arrasó su patria, y cómo a uno de los suyos, a José, lo pusieron al frente de la administración de todos los granos de Egipto. De veras fue una bendición que el pueblo pudiera emigrar a una tierra extraña a fin de lograr sobrevivir.

Al principio, les fue bien en Egipto a los descendientes de Jacob (Israel). Hubo abundancia de comida, y gracias a la influencia de José, el faraón mostró una buena disposición de ayudar al pueblo de Israel, y les concedió bastante tierra para establecerse a lo largo del río Nilo. No obstante, más de cuatrocientos años después, otras generaciones hebreas fueron esclavas en Egipto que las que pudieron disfrutar como personas libres. Con el transcurso de las generaciones y la ascensión de diferentes faraones al trono de Egipto, fueron imponiéndoles medidas duras a los hebreos, y estos servían a sus nuevos amos egipcios o los mataban.

Por supuesto que el Señor no los salvó del hambre para que luego murieran como esclavos.

Por supuesto que el Señor no los salvó del hambre para que luego murieran como esclavos. No obstante, a medida que los años se convertían en décadas, y las décadas en siglos, era cada vez más difícil conservar la esperanza. Mientras más crecía la población hebrea, más crecía la opresión de los faraones.

Entonces un día, tal como se los prometió, Dios levantó a un líder de entre ellos. A pesar de las primeras objeciones de Moisés, estaba como nadie capacitado para negociar con los opresores de los hebreos. Creció como el hijo adoptivo de la hija de un faraón y aprendió la cultura y las costumbres egipcias mientras vivía en el palacio. Había llegado el momento de que Dios una vez más cumpliera sus promesas: darle la libertad a su pueblo y conducirlo a sus nuevas tierras.

Estudiando el Antiguo Testamento, he notado un patrón que parece repetirse a través del tiempo y de las culturas... y que todavía hoy sigue siendo válido. Las personas pasan de vivir en la verdad de las promesas de Dios a volver al pecado y la esclavitud, y luego Dios las busca y rescata una vez tras otra en cumplimiento de su redentora promesa. Este ciclo comenzó con Adán y Eva en el Jardín con la rebelde decisión de la pareja de morder la fruta que no debían morder. A pesar de eso, Dios no se dio por vencido; solo puso en acción su plan redentor y la manera de relacionarse con sus nuevas creaciones humanas. Incluso después que la humanidad falló otra vez y un diluvio acabó con la perversidad reinante para comenzar de nuevo con Noé y su familia, Dios siempre ha estado dispuesto a guiar su pueblo a la libertad.

En este contexto, entonces, en Egipto, es que Dios restablece su propósito para con su pueblo y no en forma incierta:

Diles a los israelitas: «Yo soy el SEÑOR, y voy a quitarles de encima la opresión de los egipcios. Voy a librarlos de su esclavitud; voy a liberarlos con gran despliegue de poder y con grandes actos de justicia. Haré de ustedes mi pueblo; y yo seré su Dios».

ÉXODO 6:6-7, NVI*

* * *

A fin de apreciar cómo recibió el pueblo las palabras de Dios por medio de Moisés, debemos tener unas cuantas cosas en mente. Primero, como ya mencionamos, el pueblo hebreo había estado esperando *mucho, mucho tiempo*: más de cuatrocientos años. Para poner esto en perspectiva, eso es un equivalente del tiempo transcurrido en la historia de los Estados Unidos desde la fundación de Jamestown en 1607 hasta el presente. Así que cuando los israelitas oyeron que Dios les enviaba a un libertador, es probable que los escépticos pensaran: *Ah sí, cómo no... lo que sea*. Es como el cansancio que producen los discursos políticos en un año electoral, cuando todos los candidatos se ponen a decir lo mismo, sin importar sus puntos de vista. Para muchos de los israelitas, las palabras de Moisés no parecían sino algo más de lo mismo.

> *Sin embargo, aun con todas sus dudas, temores e incertidumbres, los israelitas no podían desestimar las promesas de Dios. Sus palabras los pusieron a soñar de nuevo.*

Además de ese escepticismo, el pueblo quizá temiera la incertidumbre que tendrían por delante. Si estudias el libro de Éxodo, notarás que muchos de los hebreos se mostraban reacios a seguir a Moisés. Temían que pudiera estar buscándoles más problemas. Y no olviden que Moisés no tenía una muy buena reputación. Sí, era de sangre israelita, pero disfrutó una vida muy cómoda en el palacio real como hijo adoptivo de la hija del faraón, y luego se pasó cuarenta años escondido en el desierto para que no lo capturaran y lo condenaran por asesinato. Encima de todo eso, al parecer tartamudeaba, lo que no lo iba a ayudar al alegar a favor del pueblo.

Sin embargo, aun con todas sus dudas, temores e incertidumbres, los israelitas no podían desestimar las promesas de Dios. Sus palabras los pusieron a soñar de nuevo: un lujo peligroso para esclavos. Comenzaron a vislumbrar su futuro: un futuro de libertad y gozo, y la promesa de una vida mejor. Al igual que la mayoría de nosotros, necesitaban ver la esperanza en la travesía, como cuando miramos propaganda de turismo, antes de poder dar el primer paso.

Hoy en día, no somos diferentes. Quizá algunas cosas en tu vida no te salieran bien y ahora pienses que tus mejores días quedaron atrás. Dejaste de soñar. Quieres darte por vencido. Te sientes esclavizado y desesperanzado. En cambio, si vas a experimentar el poder de las promesas de Dios, tienes que volver a soñar. Vas a tener que enfrentarte a las cosas que matan tus sueños. He aquí tres de las grandes:

1. *Expectativas insatisfechas.* Todos tenemos momentos en la vida en que las expectativas en cuanto a Dios parecen insatisfechas. Creemos que sabemos cómo debe intervenir Él en una circunstancia dada o suplir nuestras necesidades, y luego lo hace a su manera y cuando le parece.

   Hace varios años, cuando a mi padre le encontraron un cáncer, no solo hicimos por él todo lo que podíamos en cuanto a atención médica, sino que también oramos y confiábamos que Dios iba a hacer un milagro. Después de dos años y medio de batallar con la enfermedad, mi padre partió para estar con el Señor. En ese momento, en realidad sentí que mis esperanzas no se materializaron porque Dios no quiso sanar a mi papá. Dios tenía algo mejor para él. Lo rescató de esta tierra y se lo llevó al cielo donde no hay llanto ni dolor.

   ¿Puedes recordar momentos en tu vida en que has experimentado este tipo de desencanto, momentos en que te has sentido decepcionado, vacío o herido? «La esperanza frustrada aflige al corazón;

el deseo cumplido es un árbol de vida» (Proverbios 13:12, NVI®).

El problema con este asesino de sueños es que nos tienta a tomar los asuntos en nuestras manos y hacer las cosas a nuestra manera. Y demasiadas veces quedamos tendidos en el camino.

La Biblia incluye numerosas historias de personas que tuvieron que luchar con expectativas insatisfechas para al fin descubrir lo que Dios les tenía planeado. A menudo la gente toma los asuntos en sus propias manos, con resultados previsibles. Por ejemplo, Dios les prometió un hijo a Abraham y a Sara, pero a ambos les pareció que ya no les quedaba mucho tiempo debido a su avanzada edad. Así que cuando Sara le ofreció a su sierva, Agar, para que les diera un hijo, él aceptó. Y les dio resultado. Por lo menos Agar tuvo un hijo con Abraham. En cambio, eso no era lo que Dios tenía en mente y el intento de la pareja por acelerar las cosas les resultó contraproducente (Génesis 16).

Nuestras maneras de hacer las cosas nunca son tan buenas como las de Dios.

2. *Dudas persistentes.* La mayoría de las personas batalla con las dudas de vez en cuando. Las dudas se nos enraízan en la mente cuando le permitimos al enemigo de nuestras almas cuestionar lo que nos promete Dios. No hay nada que le pueda encantar más a Satanás que nos traguemos sus mentiras sobre quiénes somos y lo que Dios hace en nuestras vidas. «Nunca vas a llegar a nada. No tienes lo que se necesita. De ninguna manera Dios va a hacer algo por ti. Has fallado demasiadas veces». Satanás sabe que la duda es lo opuesto de la fe. Si pudiera

metérsenos en la mente, piensa que podría matar los sueños que Dios ha puesto en nosotros.

Después de treinta años de ministerio, todavía lucho con las dudas. Como siempre fui un estudiante de C mientras crecía en una sector pobre de Baton Rouge, Luisiana (un estado que siempre o casi siempre está en lo más bajo en la mayoría de las listas referentes a la educación), todavía escucho voces en mi cabeza que me dicen que no estoy preparado para el trabajo que realizo. Y cada vez que escucho esas voces y dudo de lo que Dios ha hecho en mi vida, se paralizan los sueños que Él ha puesto en mi corazón.

A fin de combatir las mentiras del enemigo, hace varios años coloqué un versículo en el espejo de mi baño para poder leerlo todos los días. «Él nos ha capacitado para ser servidores de un nuevo pacto, no el de la letra sino el del Espíritu; porque la letra mata, pero el Espíritu da vida» (2 Corintios 3:6, NVI*). Le doy gracias a Dios que soy competente como ministro del evangelio, no por todo lo que he llegado a ser, sino por el Espíritu de Dios que está en mí.

3. *Circunstancias incambiables.* Este matasueños nos conduce a desear darnos por vencidos. Es una mentalidad equivocada que cree que llegamos a un punto desde el cual nuestra vida no podrá pasar jamás. Comenzamos a pensar que no hay forma de que podamos salir de Egipto. Nuestros problemas tienen todo tipo de poder sobre nosotros. Pensamos: *Ya es muy tarde. No lo empeores al esperar algo que no sucederá jamás.* Pensamos que se acabó. Sin embargo, eso no ocurre cuando servimos a un Dios que puede resucitar a un muerto. Eso fue lo que

pensó Abraham cuando, para ponerlo a prueba,
Dios le pidió que matara a su único heredero, Isaac.
Abraham sabía que Dios le prometió convertirlo
en padre de muchas naciones. «Fue por la fe que
Abraham ofreció a Isaac en sacrificio cuando Dios
lo puso a prueba. Abraham, quien había recibido las
promesas de Dios, estuvo dispuesto a sacrificar a su
único hijo, Isaac, aun cuando Dios le había dicho:
"Isaac es el hijo mediante el cual procederán tus
descendientes". Abraham llegó a la conclusión de
que si Isaac moría, Dios tenía el poder para volverlo
a la vida» (Hebreos 11:17-19).

Nada derrota a un matasueños como concentrarnos en las promesas de Dios. Y eso es lo que los hijos de Israel comenzaron a
hacer. El mensaje de Dios revolvió algo en ellos y se atrevieron
a volver a soñar.

* * *

Es probable que sepas cómo sus sueños se hicieron realidad.
Cuando Dios desató la horrible plaga final, que cobró la vida de
cada primer hijo varón de Egipto, a menos que el marco de sus
casas estuviera señalado con la sangre del cordero expiatorio, y
fueron miles los egipcios que perdieron la vida, lo que hizo que
el faraón dejara que los hebreos salieran de Egipto esa misma
noche. Claro, es sabido que después cambió de opinión y los
persiguieron, pero ya para entonces habían llegado a orillas del
Mar Rojo, las cuales se dividieron... y, bueno, ya sabes el resto
de la historia.

Lo que quizá no sepas es que ese acontecimiento se ha con-
memorado todos los años desde esa impresionante noche cuando la muerte «pasó de largo» los hogares hebreos y destruyó
sus enemigos. Hasta el día de hoy, los judíos celebran la Pascua

para recordar lo que Dios hizo a su favor hace mucho tiempo y celebrar el plan que tiene hoy con sus vidas.

Como muchas festividades culturales, la celebración incluye comidas típicas y costumbres, como la partición de la *matzá*, un tipo de pan sin levadura parecido a una galleta, que le recuerda al pueblo judío que tuvo que salir de forma apresurada, antes de que el pan comenzara a crecer, cuando Dios los sacó de Egipto. Este pan sin leudar fue precursor del maná que Dios les proporcionó a los israelitas en el desierto y el pan que Jesús bendijo en la Última Cena y que les pidió a sus seguidores que lo utilizaran como símbolo de su cuerpo que por nosotros fue partido.

> *El vino también prefigura la forma en que Dios sanará en definitiva a su pueblo: a través del sacrificio en la cruz de su Hijo, Jesús.*

Lo básico de la Pascua es que es un tiempo de reconocimiento y recordación cuando las cuatro copas de vino se usan para brindar por cada una de las promesa que Dios hace en Éxodo 6:6-7 (que también se lee en la ceremonia).

La riqueza del vino contrasta de manera extraordinaria con la insipidez de la matzá y proporciona un recordatorio de sabor de las cuatro promesas de Dios. Como recordatorio de la sangre de la Pascua, el vino también prefigura la forma en que Dios sanará en definitiva a su pueblo: a través del sacrificio en la cruz de su Hijo, Jesús.

* * *

Dios no solo rescató a su pueblo de la esclavitud en Egipto, sino que también los libertó de una mentalidad de esclavos. Los cuatro millones que Moisés sacó de la cautividad crecieron como esclavos. No tenían ni idea de cómo vivir como hombres y mujeres libres, de cómo cuidarse de sí mismos, de cómo disfrutar la vida sin estar bajo el látigo de un capataz y sin que los hicieran trabajar hasta caer rendidos. Así que Dios prometió librarlos también de una mentalidad de esclavos.

Por eso les dio a los israelitas tantas leyes e instrucciones referentes a todos los aspectos de sus vidas, incluyendo higiene personal, finanzas, paternidad y la selección de cónyuges. El libro de Levítico contiene cientos de esas reglas y regulaciones, no porque Dios fuera un tirano que quería asegurarse de que todos se lavaran bien detrás de las orejas, sino porque en ese tiempo su pueblo no sabía cómo vivir en una verdadera libertad. Vivir como esclavo, de un amo perverso o del pecado, lo convierte a uno en eso. Muchas personas hoy en día parecen pensar que Dios es algo así como un asesor fiscal que se obsesiona con todo lo que hacemos o no hacemos. Sin embargo, esta percepción no tiene base. Dios nos da instrucciones sobre cómo cuidarnos, algo así como un manual para el propietario, porque nos conoce mejor de lo que nos conocemos nosotros.

Dios prometió redimir a su pueblo «con gran despliegue de poder» y «con grandes actos de justicia» (Éxodo 6:6, NVI®). Él extiende sus manos mientras vivimos en la esclavitud y realiza milagros que restauran nuestra valía y nuestra dignidad como seres humanos. Dios nos creó a su imagen divina, y quiere que esa imagen se refleje sin obstrucción ni corrupción de ningún tipo. Como escribió el salmista: «¿Qué son los simples mortales para que pienses en ellos, los seres humanos para que de ellos te ocupes? Sin embargo, los hiciste un poco menor que Dios y los coronaste de gloria y honor. Los pusiste a cargo de todo lo que creaste, y sometiste todas las cosas bajo su autoridad» (Salmo 8:4-6).

Las personas que han sido esclavas —sujetas a abusos, maltratos y confinamiento— muchas veces no saben funcionar como fueron hechas para funcionar. Cuando nos hallamos cautivos de nuestro propio egoísmo y conductas pecaminosas perdemos de vista nuestro propósito. Pero Dios ha prometido redimirnos, sacarnos del foso fangoso donde tropezamos y caímos, y levantarnos de nuevo. Eso fue lo que hizo con el pueblo de Israel al sacarlo de la cautividad en Egipto.

Por último, Dios nos promete una herencia espiritual de propósito y realización. Nos promete que lo conoceremos como nuestro Señor y seremos parte de su familia. Pertenecemos a ella. Somos parte de una comunidad que conoce y ama al Señor y quiere servirlo. Somos personas que marcamos una diferencia, como Dios nos diseñó para que lo hiciéramos. A la luz de la percepción de nuestra verdadera identidad como hijos del Rey, nos

> *Dios promete redimirnos, sacarnos del foso fangoso donde tropezamos y caímos, y levantarnos de nuevo.*

sentimos compelidos a alabarlo, adorarlo y servirlo para que otros también puedan alcanzar la libertad.

En el antiguo sacramento de la Pascua, hallamos un cuadro del corazón de Dios en cuanto a nosotros que nunca ha cambiado. Lo que le prometió al pueblo de Israel que estaba esclavo en Egipto, ahora se lo promete al pueblo de hoy que se halla cautivo en las adicciones, los vicios y una conducta dañina. Dios nos creó para ser libres, para amarlo, para estar en comunión con Él y vivir el gratificante propósito con el que nos creó.

Al reflexionar sobre lo que Dios hizo por su pueblo miles de años atrás, es de vital importancia comprender que sus promesas todavía siguen en pie para ti. La siguiente oración te ayudará a comprender lo que significa para Dios reavivar las brasas de tus sueños.

> *Señor:*
> *A veces es difícil recordar que la extraordinaria forma en que liberaste a tus hijos en Egipto es la misma en que me liberas hoy. Ayúdame a enfrentarme a mis matasueños y a usar el poder de tus promesas como armamento. Quiero volver a tener esperanzas, a dejar mi futuro en tus manos, a soñar otra vez. Sopla una nueva vida en mí, Dios, a fin de que pueda experimentar la plenitud de todas tus promesas.*
> *Amén.*

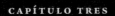

CAPÍTULO TRES

LIBERTAD
EN CRISTO

*Todas las promesas de Dios se
cumplieron en Cristo con un
resonante «¡sí!».*

2 CORINTIOS 1:20

PARA CUANDO PASARON QUINCE SIGLOS desde que los hijos de Israel cruzaron el Mar Rojo, una vez más sus sueños estaban adormecidos, y las promesas de Dios se preservaban solo en las bien gastadas historias de la celebración anual de la Pascua. El pueblo necesitaba esperanzas de nuevo. Conquistados por los romanos, se aferraban a su identidad nacional y anhelaban la llegada del libertador prometido hacía mucho tiempo, alguien como el Moisés de la antigüedad, que los condujera a la libertad. Y ahora circulaban rumores de un maestro llamado Jesús, uno de los suyos nacido en Nazaret, que hacía y decía cosas increíbles. ¿Sería ese el Mesías? Solo podemos imaginar lo que debe haber sido eso...

Un grupo de mujeres se sentó a tejer en una aldea cercana a Jerusalén. El sol de la mañana se ocultó detrás de una nube solitaria y ofreció un breve alivio del calor que pronto absorbería cada estructura de arcilla en la plaza. En alguna parte, un burro rebuznó y un niño lanzó una carcajada en una terraza cercana.

Las mujeres habían estado trabajando solo unas pocas horas, pero ya los dedos de Judit estaban cansados de los movimientos repetitivos que su madre y su abuela hacían que parecieran bien fáciles.

—¿Se enteraron de ese hombre que dicen que resucitó de los muertos? —preguntó una de las primas de Judit—. Tiene muchos seguidores debido a los milagros que realizó, pero los romanos lo crucificaron como si fuera un criminal.

—Déjate de habladurías —le dijo una de las mujeres mayores—. Uno nunca sabe si un romano te está escuchando por ahí.

—No, Ramá —dijo Ana, otra de las más ancianas—. Es bueno hablar de ese Jesús. Mi hermano se encontró con Él de la manera más interesante, y su vida ha cambiado de una forma tan impresionante que parece otra persona. Dice que Jesús es el Mesías prometido.

—¿Zaqueo ha cambiado? Debes estar bromeando —dijo Ramá con voz áspera—. ¡Esa alimaña se ha confabulado con los romanos para sacarnos más dinero! ¿Puede un tipo así cambiar?

—Reconozco que no ha sido el hombre más honorable —respondió Ana—. Por eso su transformación ha sido tan extraordinaria. Cuando Jesús pasó por nuestra aldea hace algún tiempo, Zaqueo se subió en un sicómoro para poder verlo cuando pasara. ¿Y sabes qué? Jesús se detuvo y se acercó al árbol donde mi hermano estaba encaramado y le pidió que bajara. ¡Y dijo que comería esa tarde en casa de Zaqueo! Desde ese día Zaqueo ha estado devolviendo el dinero que robó, y pronto va a renunciar a su trabajo de cobrador de impuestos y a convertirse en artesano. Hasta que arrestaron a Jesús, Zaqueo lo estuvo siguiendo, y asimilando cada palabra que decía.

—Entonces, ¿qué dice de eso de que Jesús murió y resucitó? —preguntó Judit, de veras fascinada por lo que contó la anciana.

Ana dejó de tejer y puso a un lado las delgadas agujas de hueso de camello. Se secó la frente en su antebrazo y se ajustó el pañuelo de lino que impedía que el pelo le cayera en la cara. Nadie hacía ruido mientras aguardaban para escuchar lo que les diría a continuación.

—Bueno —dijo Ana—, Zaqueo todavía no lo ha visto de cerca, pero él y algunos de sus buenos amigos vieron a Jesús a la orilla del lago, comiendo con un grupo de sus seguidores más cercanos.

—¿Y cómo puede estar seguro de que este era de veras el mismo hombre que mataron? —preguntó Ramá—. Ya sabes que los fantasmas no existen.

—No —dijo Ana—. Mi hermano está bien seguro de que Jesús es el Mesías y de que está vivo otra vez. Dice que podría reconocer su voz en cualquier parte.

—Bueno, ¿qué fue de Jesús? —preguntó Judit—. ¿Está enseñando y predicando de nuevo?

—Les dijo a sus discípulos que tenía que irse otra vez —contestó—. Sus discípulos debían esperar en Jerusalén el cumplimiento de la promesa de Dios. Jesús dijo que quería que todos conocieran la verdad sobre el amor del Padre, aun hacia los gentiles.

Un leve suspiro resonó entre las mujeres. Hubo silencio... ni siquiera Ramá pudo hacer un comentario, y pronto las mujeres siguieron tejiendo. Judit se preguntaba: *¿Será verdad? ¿Será de veras Jesús el Hijo de Dios que vino al mundo? ¿Será posible que me conozca tal como soy y de todas maneras me ame?*

* * *

Después que murió Moisés, el pueblo de Israel se fue apartando de Dios y comenzó a adorar dioses falsos y a fabricarse ídolos. El ciclo de fe (de vivir en la verdad de las promesas de Dios... caer en el pecado y la esclavitud... que Dios los buscara y rescatara... y vivir en la verdad de las promesas de Dios) continuó durante la época de los jueces y los reyes y diferentes batallas tanto dentro como fuera de la nación del pueblo escogido de Dios.

Vemos un patrón de promesa → esclavitud → rescate a través del resto del Antiguo Testamento. La revelación inicial de las promesas de Dios en las cuatro copas no dio resultado, porque la humanidad todavía no tenía el Espíritu del Dios viviente que los capacitara desde adentro. Solo tenía las leyes externas.

Cuando Jesús nació en Belén, la nación israelita había vuelto a perder la libertad, esta vez bajo el yugo romano. Quizá recuerdes que muchos judíos esperaban la venida del Mesías que estaba profetizado desde muchas generaciones atrás. Este sería un político revolucionario que uniría a las tribus judías y derrotaría al emperador romano y sus generales. Ese alguien restauraría a Israel a su antigua grandeza y daría cumplimiento a las Escrituras de antaño. Ese alguien salvaría al pueblo.

Claro, Jesús no era un rey terrenal ni intentaba serlo. No vino a gobernar por normas terrenales de poder, riqueza y autoridad, sino con la total autoridad de su Padre celestial. Jesús no vino a librar al pueblo judío del yugo romano, sino a salvar a todas las personas del peso aplastante del pecado.

Jesús vino a cumplir las promesas que Dios le hizo a su pueblo. Y no solo cumplió la promesa de libertar al pueblo de la opresión, rescatarlo de la esclavitud y extender sus manos para hacer milagros extraordinarios, sino que les extendió también la promesa de las cuatro copas a las generaciones futuras, a través de lo que llegó a conocerse como la Gran Comisión.

Sin embargo, la Gran Comisión no era algo *nuevo*. Era el mismo conjunto de promesas que Dios le hizo a su pueblo en los días del

> *Jesús vino a cumplir las promesas que Dios le hizo a su pueblo. Además, les extendió la promesa de las cuatro copas a las generaciones futuras.*

éxodo. En cierto sentido, la Gran Comisión simboliza un traspaso de la antorcha. Dios le cumplió su promesa a su pueblo enviando a su Hijo a la tierra para expiar nuestros pecados. Jesús les extendió la promesa a sus seguidores enviándolos por todo el mundo a proclamar el evangelio. En lugar suyo, envió al Espíritu Santo a guiarnos, confortarnos y conducirnos mientras cumplimos su encargo (nuestra «co-misión», para decirlo con más precisión) y nuestros propósitos individuales. Como veremos, la Gran Comisión representa *la culminación* de las cuatro copas de promesa transmitida a través de los siglos en la celebración del Seder de la Pascua.

✳ ✳ ✳

Si utilizamos las cuatro copas del Seder a fin de ayudarnos a comparar las promesas de Dios en Éxodo 6 con el mandato de Jesús a los discípulos en Mateo 28, la analogía se nota todavía más.

La primera copa, la Copa de Santificación, se basa en una promesa de Dios: «Voy a quitarles de encima la opresión de los egipcios» (Éxodo 6:6, NVI®). En la Gran Comisión, la primera instrucción de Cristo tiene que ver con rescatar a los que todavía están perdidos en sus pecados. Lo hacemos con la evangelización, cuando presentamos el mensaje de cómo la muerte y la resurrección de Cristo pagó por nuestros pecados para que pudiéramos ser restaurados a una adecuada relación con Dios, que es lo que Él quiso desde el principio.

La *santificación* (que es apartarnos como especiales y santos ante Dios) va de la mano con la evangelización (invitar a otros a ser parte de la familia de Dios y ayudarlos a ver cómo Dios los aparta con ese propósito). Aun cuando no somos esclavos en Egipto, todos luchamos con alguna forma de atadura que no nos deja vivir en libertad como nuestro Padre siempre ha querido que vivamos. Lo que es más importante, Cristo nos rescató de la opresión, o del peso, del pecado que de otra forma nos mantendría lejos de Dios para siempre. La buena noticia de la primera copa es que Dios envió a Jesús, su Hijo unigénito, a realizar el supremo rescate: a recobrar y a restaurar al perdido, sin importar quién sea ni dónde está.

La segunda copa, la Copa de Liberación, se basa en la siguiente promesa de Dios: «Voy a librarlos de su esclavitud» (Éxodo 6:6, NVI®). Dios le prometió a su pueblo que no solo los sacaría físicamente de Egipto, sino que también los libraría de la mentalidad de esclavos que ya era como una segunda naturaleza en ellos. El paralelo con la Gran Comisión es que debemos hacer que otros conozcan la verdad... sobre Dios, sobre ellos mismos, sobre por qué los crearon. Cuando reconocemos nuestras debilidades y nuestros errores pecaminosos y necesitamos perdón, tenemos que saber que nuestro Salvador nos ofrece una nueva manera de vivir que puede librarnos de la esclavitud del pecado. La liberación, vencer la mentalidad de esclavos del pecado, a menudo es una batalla de toda la vida. Y es una batalla que solo lograremos ganar confiando en Jesús día a día y momento a momento.

> *Cuando reconocemos nuestras debilidades y nuestros errores pecaminosos y necesitamos perdón, tenemos que saber que nuestro Salvador nos ofrece una nueva manera de vivir que puede librarnos de la esclavitud del pecado.*

En la iglesia *Church of the Highland*, a esta copa la llamamos muchas veces «copa del cuidado pastoral», lo que por supuesto es algo que llevo en el alma. Uno de los grandes privilegios de mi papel como pastor es la oportunidad de *pastorear* las almas que Dios trae al rebaño de nuestra iglesia. Muy raras veces es fácil, porque la vida trae problemas; pero es en extremo gratificante. Cuidar a las personas es una gran parte de mi propósito y es intrínseco a la forma en que me hizo Dios. Quiero que todos conozcan el amoroso cuidado y la bondad infinita de nuestro Padre celestial, la única fuente verdadera de vida y amor.

La tercera copa, la Copa de Redención, se basa en otra promesa de Dios: «Te redimiré con mi brazo poderoso y con grandes actos de juicio» (Éxodo 6:6). Esta es la gran promesa de redimir a su pueblo, restaurarlo a su grandeza y conducirlo a su verdadero propósito en la vida. En la Gran Comisión, Jesús expresa esta redentora promesa al decirnos que hagamos discípulos de los nuevos creyentes. No solo tenemos que enseñarles la verdad de la Palabra de Dios, lo que es Jesús y el amor y la gracia de Dios, sino que también debemos ayudarlos a vivir esas verdades en sus propias vidas. Les damos un buen ejemplo y practicamos lo que predicamos. Equipamos a la gente para que viva la nueva vida de libertad, descubra su verdadero propósito en la vida y luego lo ponga en práctica al servir a otros.

La cuarta copa, la Copa de Alabanza, se basa en otra promesa de Dios: «Haré de ustedes mi pueblo; y yo seré su Dios» (Éxodo 6:7, NVI®). Como vivimos en comunidad con otros creyentes, es natural que comencemos a alabar a Dios por su fidelidad, como se expresa en la Gran Comisión: «Tengan por seguro esto: que estoy con ustedes siempre, hasta el fin de los tiempos» (Mateo 28:20). Si alguna vez ha habido una razón por la cual dar gracias y alabar a Dios, es por el inefable don del amor de Cristo y su muerte en la cruz por nosotros. Siguiendo su ejemplo, morimos a nuestros egoísmos, a nuestros caprichos y descubrimos el gozo de vivir con un propósito mayor.

He aquí una sencilla oración que te guiará a reflexionar en este capítulo:

Padre celestial:
Gracias por tu deseo de conocerme y tener una relación estrecha conmigo. Estoy muy agradecido de que estuvieras dispuesto a enviar a tu Hijo a ser humano y cerrar la brecha entre mi naturaleza pecadora y tu santidad. Estoy sorprendido de cómo tu eterno mensaje resuena en las páginas de la Biblia, desde las cuatro promesas en Éxodo hasta la Gran Comisión en los Evangelios. Te doy gracias porque tus promesas son las mismas ayer, hoy y por siempre.
Amén.

CAPÍTULO CUATRO

LA COPA DE SANTIFICACIÓN

Voy a quitarles de encima
la opresión de los egipcios.

ÉXODO 6:6, NVI*

AL IGUAL QUE CASI TODAS LAS PAREJAS cuando se casan, Tammy y yo recibimos muchos juegos de cubiertos y hermosas vajillas como regalos de boda. Aunque no sé mucho sobre vajillas finas, sé lo mucho que eso significa para nosotros. Las apreciamos tanto que las preservamos en su antigua caja original. Cuando la usamos, siempre nos esforzamos por lavarlas a mano y secarlas con mucho cuidado antes de devolverla a la seguridad de su propia caja.

Otra forma de describir esa vajilla es que fue *santificada*. Sé que ese término parece un tanto religioso y teológico, como algo abstracto y conceptual que flota en las nubes cerca del cielo y que nunca lo podemos alcanzar. Sin embargo, lo único que significa es que nuestra vajilla es algo bien especial y excepcional que se colocó aparte con un propósito particular.

Muchas personas parecen dar por sentado que la santificación implica «corrección» o «perfección». Aunque verla así tiene sentido, en teoría es imprecisa o incompleta. Cuando algo está santificado, no quiere decir que sea perfecto; lo único que quiere decir es que se puso aparte o se señaló con un propósito particular y único. Nuestra vajilla de porcelana no es perfecta, pero la mantenemos separada para ocasiones especiales e importantes cenas familiares. El santuario de nuestra iglesia no es perfecto; no es más que un edificio apartado como lugar para reunirnos a adorar. Un matrimonio no es perfecto; pero es una relación que se puso aparte de las demás relaciones como un compromiso entre un hombre y una mujer que se prometen «renunciar a los demás», jurarse fidelidad y solo tener intimidad entre ambos.

Me gusta utilizar el término *santificación* porque todos entienden que la vajilla de boda, el edificio de la iglesia y los matrimonios no son perfectos, pero se apartaron de los demás de su tipo.

Es importante entender lo que la santificación *es* y *no es* si vamos a entender bien la amplitud y magnitud de la primera promesa de Dios. Él quiere *apartarnos*. Porque para Él somos especiales y jamás ha creado, ni creará, a nadie como tú y como yo. No somos perfectos, eso lo sabemos muy bien, pero nos diseñaron a fin de estar apartados para los propósitos de Dios.

* * *

En algún momento, todos nos hallamos atados a algo, viviendo vidas comunes sin un propósito. Nos hemos conformado con menos, resignados a la mediocridad, y empezamos a creer que no tenemos nada de especial. Ese rumbo siempre nos conduce a la esclavitud, que es una vida que nunca teníamos la intención de vivir.

En otro tiempo nosotros también éramos necios y desobedientes. Fuimos engañados y nos convertimos en esclavos de toda clase de pasiones y placeres. Nuestra vida estaba llena de maldad y envidia, y nos odiábamos unos a otros.

Pero: «Cuando Dios nuestro Salvador dio a conocer su bondad y amor, él nos salvó, no por las acciones justas que nosotros habíamos hecho, sino por su misericordia. Nos lavó, quitando nuestros pecados, y nos dio un nuevo nacimiento y vida nueva por medio del Espíritu Santo».
TITO 3:3-5

Cuando Dios prometió sacar a su pueblo de la cautividad en Egipto, proporcionó una manera, a través de la sangre de un cordero sacrificado, aun cuando el faraón en su terquedad decía que no. Dios nos hizo a nosotros el mismo tipo de promesa y proporcionó la manera de librarnos de las ataduras del pecado a través del sacrificio de Jesús. Aun cuando el enemigo de nuestras almas hace todo lo que puede para molestarnos, ya no somos esclavos del pecado.

Hasta este día, durante la celebración de la Pascua, el pueblo judío festeja el hecho de que Dios tuvo un plan para sacarlos de la esclavitud. Adoran al Dios que escuchó su clamor y les dio la libertad. La primera copa de la Pascua judía honra esta promesa fundamental de que Dios quiere que su pueblo experimente la salvación de modo que puedan vivir la vida de libertad que siempre ha querido para ellos.

Este deseo de librar de ataduras al pueblo sigue estando en el centro del corazón de Dios. El Señor ve a todas las personas de la tierra como hijos suyos, aunque algunos todavía están perdidos. A través del ministerio de Jesús en la tierra, aclaró que su misión era buscar y salvar a los perdidos (Lucas 19:10). Cuando Dios ve hijos suyos que todavía tienen ataduras de pecado, quiere desatarlos. Quiere sacarnos del pozo cenagoso donde estamos comiendo alimentos de cerdos como el Hijo Pródigo. Quiere levantarnos y ponernos aparte del mundo (santificarnos). El Señor ofrece salvarnos si dejamos que lo haga.

Mi propia historia de salvación lo confirma de veras. No es la escalofriante historia de un drogadicto reformado ni de un asesino en serie, pero mi vida antes de encontrar a Cristo no era menos destructiva. Tenía mi propio tipo de esclavitud, un resbaloso y cenagoso pozo del que, al parecer, no había escape.

A una edad temprana, sentía que mi vida no tenía sentido. Luchaba por descubrir lo que me sucedía. Aun cuando crecí en la iglesia y jamás me perdía el culto del domingo, Dios no me era algo real. Trataba de «encontrarlo» y de ver lo que tenía

> *Cuando Dios ve hijos suyos que todavía tienen ataduras de pecado, quiere desatarlos. Quiere sacarnos del pozo cenagoso donde estamos comiendo alimentos de cerdos como el Hijo Pródigo.*

para mí, pero siempre quedaba vacío. Yo no era muy talentoso ni inteligente, y a todas luces no era una persona popular ni tenía madera de líder. Una de las más dolorosas experiencias de mi niñez fue verme atado a una cerca por un grupo de abusadores que me ridiculizaban y me decía que yo era un perdedor.

Aunque pronto me desamarraron de la cerca, la atadura en mi alma se fue haciendo más real y peligrosa mientras más edad tenía. A diferencia de la iglesia, que me parecía falsa y mojigata, el mundo me parecía auténtico y atractivo, con muchas cosas que ofrecer. Sentía como si hubiera desarrollado una doble vida: ir a la iglesia el domingo después de explorar el viernes y el sábado por la noche los vicios de los adultos que muchos adolescentes hallan tan atractivos.

Entonces, cuando cumplí quince años, un amigo me invitó a otra iglesia. No me interesaba. Hacía poco que mi amigo se había convertido en un cristiano consagrado, y parecía pasar la mayor parte del tiempo leyendo la Biblia. En cambio, cuando me dijo que había muchas chicas lindas en el grupo de jóvenes, eso me motivo a ir a comprobarlo.

Fue allí donde el evangelio de Jesús penetró en mi corazón por vez primera. Estoy seguro de que el mensaje lo había oído antes, pero esta vez penetró en mí. Sin embargo, cuando hicieron un llamamiento al altar, no respondí porque no quería que la gente supiera que yo no había sido cristiano hasta entonces.

Al principio, me dije que esto fue una «rededicación», pero sabía en mi corazón que lo de antes no fue de verdad, y que esta vez tenía una primera y genuina experiencia de conversión.

Regresé a casa esa noche bajo profunda convicción y le pedí a Dios que me «concediera otra oportunidad». Me tiré de rodillas. Extendí los brazos sobre la cama, y le dije al Señor que si me perdonaba, nunca iba a encontrar a un seguidor más devoto, que se lo entregaría todo. Cuando desperté por la mañana, sentí que mi corazón ardía por Dios. Sabía que me había salvado y me sentía libre por completo. Se me concedía un nuevo comienzo.

* * *

Aun con el fervor que acababa de hallar, todavía me quedaba un largo camino por andar. De inmediato me incorporé al grupo de jóvenes de la nueva iglesia y empecé a participar en los grupos pequeños para adolescentes que tenían. Fue allí que no solo tuve la oportunidad de hablar de mis luchas y formular preguntas, sino que también estaba rodeado de personas que me exhortaban a que madurara.

> *Algo maravilloso sucedió en esa conexión que me dejó libre de mi pasado de una vez y para siempre. Sabía que Dios me perdonó.*

Uno de los pasos que me recomendaron que hiciera fue que hablara de mi verdadera vida con mis padres. Hasta entonces, había logrado ocultar de mis padres la vida mundana que había vivido. Siempre habían pensado que yo era un buen chico de un corazón puro.

Me fue difícil la conversación. Mamá lloraba mientras les decía la verdad sobre lo que yo había estado haciendo. La reacción de mi papá fue lo que me sorprendió. Estaba sonriente... no por lo que les revelé, sino porque sabía que algún bien significativo estaba sucediendo en mi vida.

Esa conversación tuvo lugar hace más de treinta y cinco años, pero la recuerdo como si hubiera ocurrido ayer mismo. Algo maravilloso sucedió en esa conexión que me dejó libre de mi pasado de una vez y para siempre. Sabía que Dios me perdonó. Su presencia en mi vida fue diferente de todo lo experimentado hasta entonces.

Los años que siguieron resultaron ser los más significativos de mi vida. Servía al Señor de todo corazón y participaba en cada actividad de la iglesia. El verano después que me gradué del instituto, asistí al campamento de verano anual de nuestra iglesia. El orador invitado ese año ministró con el don de la profecía, algo de lo que no había oído antes.

Una noche, durante el culto vespertino, en un pabellón al aire libre, el predicador me pidió que me levantara de entre el grupo y pasara al frente. Me dijo que tenía una «palabra» de Dios para mí.

> *Esa noche sentí la tangible presencia de Dios. No sabía lo que sucedía en realidad, pero supe que Dios tenía algún plan con mi vida.*

Cuando llegué a la plataforma, el predicador me puso una mano en el hombro y me dijo que un día mi vida impactaría a miles de personas. Me pidió que mirara las estrellas, al igual que Dios lo hizo con Abraham, y me dijo: «Así de grande será el impacto que Dios quiere hacer a través de ti». Luego me preguntó si podía orar por mí y me pidió que levantara las manos.

* * *

Mientras el predicador oraba, algo sucedió que hasta hoy no me he podido explicar. Todas las articulaciones de mis manos y dedos saltaban y parecían volverse más largas. Esa noche sentí la tangible presencia de Dios. No sabía lo que sucedía en realidad, pero supe que Dios tenía algún plan con mi vida. Me apartaba para algo especial. Yo bebía de la Copa de Santificación. Comprendo que no todos van a encontrarse con Dios de esta manera, pero Él todavía va a querer revelarse a ti y apartarte para algo especial.

* * *

El enemigo de tu alma tiene algo planeado para ti. Quiere que permanezcas bajo su control y te hace sentir como si no tuvieras escape.

Quizá ahora mismo te sientas que estás en algún tipo de esclavitud. Pudiera ser un vicio o un hábito secreto al que te aferras. Es probable que sean algunas relaciones nada saludables o quizá estés obsesionado con que te vean como un triunfador. No importa lo que te tenga presionado, te sientes esclavo de algo que sabes que no es para lo que te crearon, y te parece que Dios está a millones de kilómetros de distancia.

Dios no está lejos de ti. Es más, Él te hizo una promesa y siempre te está buscando. Cuando te preguntas qué estás haciendo donde estás, lo haces debido a la sensación de propósito que Dios ha puesto en tu corazón. Cuando sientes curiosidad de lo que debieras hacer con tu vida y lo determinante que sería esto, ese es Dios que te llama a beber de la Copa de Santificación. Quiere saciar tu sed por más, por un propósito, por algo mayor y más significativo de lo que te imaginas.

De un solo hombre hizo todas las naciones para que habitaran toda la tierra; y determinó los períodos de su historia y las fronteras de sus territorios. Esto lo hizo Dios para que todos lo busquen y, aunque sea a tientas, lo encuentren. En verdad, él no está lejos de ninguno de nosotros.

HECHOS 17:26-27, NVI*

Dios te colocó en el planeta Tierra en este preciso tiempo y lugar para que puedas cumplir con el propósito para el que te crearon. Y la única manera de hallar la respuesta es acercarte a Él. Dios es el único que tiene el libro de tu vida.

Me viste antes de que naciera. Cada día de mi vida
estaba registrado en tu libro. Cada momento fue diseñado
antes de que un solo día pasara.
SALMO 139:16

Cuando deseas de todo corazón conocer tu propósito y buscar a Dios para la respuesta, descubrirás que Él está muy cerca. Es más, siempre ha estado ahí. Solo tienes que beber de la Copa de Santificación y experimentar una genuina salvación.

Sin embargo, quizá ese paso te parezca difícil. Es probable que, al igual que tantas personas, nunca hayas experimentado la salvación porque pienses que Dios quiere que primero le des algo o que tengas que corregir algunas cosas en tu vida antes de que Dios te escuche. Beber de esta copa no es difícil. Al contrario, es lo más fácil que puede hacer una persona. Aun así, cuando eres esclavo de algo y estás bien alejado de tu verdadero hogar, puede parecer complicado.

Si las religiones tienen algo en común, es que requieren que *hagamos algo* para acercarnos a Dios. Todas, excepto el cristianismo. Demasiadas personas, incluso muchos cristianos, creen que Dios exige que hagamos ciertos cambios en nuestra manera de vivir antes de que podamos acercarnos a Él. Pero eso no es cierto. No rectificamos nuestra manera de vivir para poder acercarnos a Dios. ¡Acudimos a Dios para que enmiende nuestras vidas! Entonces, ¿qué debemos hacer?

La respuesta la hallamos en la primera copa de la promesa de Dios. Él dijo: «Voy a quitarles de encima la opresión».

Déjame explicarlo.

✳ ✳ ✳

Algunas veces nos sentimos tentados a tratar de ganarnos el acceso a la vida abundante. En cambio, es innegable que Dios es bien claro al decir que no importa lo mucho que lo intentemos, no importa lo mucho que hagamos ni por cuanto tiempo lo hagamos, nunca será suficiente. Solo que no podemos *ganar* el favor de Dios. Aun así, lo mejor de todo es que... *no tenemos que hacerlo.*

La Biblia nos dice: «Dios los salvó por su gracia cuando creyeron. Ustedes no tienen ningún mérito en eso; es un regalo de Dios» (Efesios 2:8). En el momento en que creímos y le entregamos nuestras vidas, el Señor nos da lo mejor que pudiéramos esperar que nos conceda: la adopción en la familia de Dios. No podemos gloriarnos de nuestra salvación, pues no hay nada que pudiéramos haber hecho para ganarnos el amor de Dios. Ya nos lo dio.

«Espera un momento», quizá digas. «¿La Biblia no nos dice que debemos amar a la gente, servirla y *hacer* ciertas cosas?» Sí, es cierto. Como quiera, todas esas cosas vienen *después* de santificarnos, después de apartarnos del viejo estilo de vida en que estábamos.

> *Esfuércense por demostrar los resultados de su salvación obedeciendo a Dios con profunda reverencia y temor. Pues Dios trabaja en ustedes y les da el deseo y el poder para que hagan lo que a él le agrada.*
>
> FILIPENSES 2:12-13

Una vez que Dios se convierte en el Señor de tu vida, comienza a actuar en tu corazón para darte lo mismo el *deseo* que el *poder* para cambiar. No antes. Un montón de cambios ocurrirán después que recibas la libertad, pero uno no cambia para recibir la libertad. La salvación es un regalo.

Entonces, ¿cómo hay que empezar? Primero, date cuenta de que Dios anda tras de ti. Jesús dice: «Ustedes no me eligieron a mí, yo los elegí a ustedes» (Juan 15:16). En el relato de Éxodo, Dios le dijo a Moisés: «Ciertamente he visto la opresión que sufre mi pueblo en Egipto. Los he escuchado quejarse de sus capataces, y conozco bien sus penurias. Así que he descendido para librarlos del poder de los egipcios y sacarlos de ese país» (Éxodo 3:7-8, NVI®).

Dios nunca ha dejado de pensar en ti. Te ha visto vagando y sufriendo, y quiere que vuelvas a donde debes estar. Entonces, ¿qué hace? Te conduce a la salida y lo único que tienes que hacer es seguir.

Cuando sigues a alguien, renuncias a determinar hacia dónde te diriges, confías en que el líder conoce el camino. Si estás perdido en el bosque y te encuentras con excursionistas experimentados que conocen bien la región, quizá te digan: «Síguenos y te mostraremos el camino», y tendrías que decidir entre seguir perdido o aceptar lo que te ofrecen. Esa es la parte fácil. En cambio, una vez que decides dejar atrás el lugar donde estabas perdido, el camino de vuelta a la civilización tendrá algunos terrenos difíciles, algunas colinas y algunos valles, y quizá tengas que esforzarte mucho para encontrar el camino de regreso. Aun así, pones tu confianza en el líder, y sigues adelante.

Cuando se trata de vivir la vida con Dios, tienes que optar por dejar atrás la antigua vida para seguirlo a Él hacia la tierra que te prometió. El camino que tendrás por delante pudiera incluir algunas partes difíciles, algunas colinas y algunos valles. Sin embargo, cuando pones tu confianza en Dios, te aferras a su promesa de que te guiará a seguir adelante.

¿Cómo toma uno ese primer sorbo de la Copa de Santificación? En dos palabras: *te rindes*. Renuncias al timón de tu vida y se lo entregas a Dios. Él sabe cuáles son las cosas que te detienen, conoce el camino que tienes por delante, y ha puesto a uno superior a Moisés para que te guíe. Todo lo que tienes que hacer es seguirlo.

Si nunca has convertido a Jesús en el Señor de tu vida, o si te has alejado de Dios, aquí tienes una oración bien sencilla que puedes elevar para entregarle al Señor tu vida. Que Dios te bendiga mientras bebes de la Copa de Santificación.

Padre celestial:
Gracias por amarme como me amas. Por demasiado tiempo he andado errabundo, alejado de ti, viviendo mi propia vida y a mi manera. Te suplico que me perdones. Hoy le respondo a tu Espíritu, quien me está guiando a mi hogar, al entregarte mi vida. Hoy recibo el regalo de la salvación. Sé el Señor de mi vida. Gracias por rescatarme. Estoy dispuesto a seguirte, porque sé que conoces el camino.
Amén.

CAPÍTULO CINCO

LA COPA DE LIBERACIÓN

Te rescataré de tu esclavitud.

ÉXODO 6:6

IMAGÍNATE QUE TÚ y tu familia han estado presos por años; tantos años, en realidad, que no recuerdan otra cosa que estar encadenados y obligados a seguir las órdenes de sus captores. Ahora imagínate que tú y tu familia y todas las personas como ustedes, alrededor de cuatro millones, de repente quedan en libertad y obligadas a crearse una nueva manera de vivir.

No hay problema, ¿verdad? Parece bastante sencillo. Claro, ser libre es mejor que ser esclavo. No obstante, lo curioso es que, para los israelitas que salieron de Egipto, la espectacular emancipación que les concedió Dios los dejó con una nueva retahíla de problemas. No solo terminaron deambulando durante cuarenta años por el desierto en busca de un nuevo territorio, sino que tuvieron que aprender de nuevo a ser una sociedad libre.

Este fenómeno no es tan poco común como quizá parezca. De las personas en Estados Unidos que estuvieron encarceladas y las pusieron en libertad, casi la mitad regresa a la prisión dentro de los tres años de obtener su libertad[1]. Por qué y cómo regresan es de seguro una combinación de muchas y complejas variables, y compararlas a personas que fueron esclavas en una cultura extraña no es como comparar manzanas con manzanas. Sin embargo, hay algo en nuestra naturaleza humana que aprende a adaptarse a lo que nos rodea, por muy doloroso o difícil que sea. Entonces, cuando cambian las circunstancias, a menudo nos resulta difícil saber cómo funcionar fuera del ambiente conocido de nuestra antigua cautividad.

Esta tendencia a necesitar ayuda para aclimatarnos a una nueva vida explica el mensaje que hallamos detrás de la segunda promesa de Dios a su pueblo, representada por la segunda

> *Podemos ser espiritualmente libres, podemos habernos propuesto seguir a Jesús y vivir para Dios, y aun así actuar como esclavos de viejos hábitos y conductas pecaminosas.*

copa: «Te rescataré de tu esclavitud». Al principio, pudiera parecer redundante. ¿Por qué Dios va a prometer liberar a los hijos de Israel de ser esclavos *después* de liberarlos de su opresión en Egipto? Porque si bien ya no son esclavos, todavía piensan y actúan como esclavos. Lo mismo es cierto para ti y para mí hoy en día. Podemos ser espiritualmente libres, podemos habernos propuesto seguir a Jesús y vivir para Dios, y aun así actuar como esclavos de viejos hábitos y conductas pecaminosas.

Incluso después que los hijos de Israel salieron de Egipto, algo de Egipto permanecía en ellos. Eran un pueblo libre, en camino a la tierra que les prometió Dios para que habitaran allí, pero seguían teniendo una mentalidad de esclavo y seguían actuando como esclavos. Tenían un concepto equivocado de sí mismos, una desconfiada actitud hacia Dios y una visión escéptica del futuro. Para decirlo sin rodeos, ¡sus conceptos estaban enrevesados!

En la actualidad, muchas personas tienen conceptos enrevesados. Muchos creyentes están en camino al cielo, pero siguen plagados de hábitos egoístas, adicciones secretas y actitudes pecaminosas. Al igual que los israelitas, necesitan la Copa de Liberación. Si es que van a avanzar hacia el futuro que Dios les tiene preparado, tienen que liberarse de la actitud mental que los mantiene atados al pasado.

* * *

Liberación. Para cierta generación, esta palabra parece sacada de una película de horror como *El exorcista* o una escena salvaje en un bosque de Arkansas (ambas cosas espantan por igual). Sin embargo, no importa con qué asociemos la palabra, la liberación no es solo para endemoniados. Hay también liberación para cualquiera que esté luchando con su naturaleza pecadora. La liberación es para personas cuyo pasado está limitando su futuro. En otras palabras, la liberación es para *cualquier persona*.

La liberación es diferente de la salvación. La salvación se ocupa de nuestra eternidad; la liberación determina nuestra calidad de vida mientras estemos en la tierra. La salvación, la primera copa, es instantánea. La liberación, la segunda copa, es un proceso. Cuando Dios nos salva, perdona todo lo que hayamos hecho, pero a menudo perduran nuestros hábitos, nuestras actitudes y nuestros pecados. Y a casi todos nosotros, todavía nos acosan los recuerdos y los dolores del pasado. De cualquier modo, Dios no nos salvó para que nos conformáramos con menos que lo mejor.

La Copa de Liberación le cierra las puertas al ayer de una vez y para siempre. ¿Cómo? Ayudándonos a ser personas íntegras y completas, libres ya de nuestra antigua esclavitud.

Para entender mejor la Copa de Liberación, mírala de la siguiente forma. Así como Dios es una trinidad que comprende al Padre, al Hijo y al Espíritu Santo, nosotros somos seres trinos compuestos de cuerpo, alma y espíritu. Esta trinidad tiene sentido porque nos crearon a la imagen de Dios. Cuando nos salvamos, Dios nos limpia por completo en nuestro espíritu. Entonces, el Espíritu Santo nos capacita para que dé comienzo el proceso de la regeneración y transformación de nuestro espíritu, lo cual afecta y cambia las otras dos partes de nuestro ser.

La Copa de Liberación le cierra las puertas al ayer de una vez y para siempre.

Sin embargo, a pesar de ya ser salvos, a veces nos aferramos a lo que estábamos acostumbrados, en vez de tratar de experimentar la transformación que Dios quiere completar en nuestras vidas. Dejamos que los apetitos del cuerpo y los deseos carnales sigan dominando nuestros pensamientos y conductas. Dejamos que nuestras almas (nuestra mente, nuestra voluntad y nuestras emociones) se vean empañadas por las anteriores circunstancias y lujurias. Como los israelitas al salir de la esclavitud, no comprendemos el grado de libertad que recibimos a través de la salvación. Permanecemos quebrantados y fragmentados.

En matemática, el término *íntegro* se refiere a un número entero (no a una fracción). Viene de la misma raíz de la palabra *integridad*, que también quiere decir totalidad o completitud. Cuando nos falta la integridad, no nos sentimos enteros. Carecemos de algo; no estamos completos. El pecado muchas veces erosiona nuestra integridad y nos fragmenta la vida para convertirla en conductas ocultas y actitudes engañosas. Terminamos sintiéndonos incompletos y frustrados por las batallas que libramos por dentro.

> *La salvación pone en marcha nuestra transformación espiritual, renueva y faculta nuestro espíritu, y lo calibra de nuevo a fin de ajustarlo al propósito original de Dios.*

El pecado, como ya sabrás, no nos permite alcanzar la meta de las normas de Dios, que es la perfecta santidad. Yendo al grano, defino el pecado como las malas decisiones que tomamos basados en las creencias, las actitudes y los hábitos arraigados. Esto incluye las luchas perennes, que muchas veces etiquetamos como adicciones, así como los momentos en que tomamos atajos en vez de escoger lo que Dios desea que hagamos.

La salvación pone en marcha nuestra transformación espiritual, renueva y faculta nuestro espíritu, y lo calibra de nuevo a fin de ajustarlo al propósito original de Dios. Nuestro espíritu se diseñó para influir en las otras dos partes: el cuerpo y el alma. Entonces, para que esto suceda, el cuerpo y el alma deben pasar por un proceso purificador y someterse a la obra del Espíritu Santo en nosotros. En esencia, tenemos que aprender la manera en que Dios quiere que vivamos en vez de seguir en la pecaminosidad que se ha convertido en nuestra manera estándar de vivir.

* * *

Así que, ¿cómo le permitimos al Espíritu de Dios que nos transforme en personas libres de verdad? El pecado puede desalentarnos mucho debido a que sus cancerosos tentáculos tratan de infiltrarse en nuestra vida en cada oportunidad, sin importar cuánto nos esforcemos por combatirlo. El apóstol Pablo aclara esta lucha cuando escribió: «Descubro esta ley: que cuando quiero hacer el bien, me acompaña el mal. Porque en lo íntimo de mi ser me deleito en la ley de Dios; pero me doy cuenta de que en los miembros de mi cuerpo hay otra ley, que es la ley del pecado. Esta ley lucha contra la ley de mi mente, y me tiene cautivo. ¡Soy un pobre miserable!» (Romanos 7:21-24, NVI®).

La batalla contra el pecado puede ser muy desalentadora porque sabemos que no debíamos haberlo hecho y quisiéramos ayuda, pero sentimos que no podemos dejar que otros lo sepan. Nos decimos: «¿Qué van a pensar de mí? ¿Qué cristiano soy que pude hacer algo así? De todos modos, ¿cómo va a poder alguien ayudarme?». Entonces, el diablo empieza a atormentarnos y a acusarnos. «¿Quién te has creído que eres? ¡Eres un perdedor! ¡Jamás vas a poder dejar de hacer eso!».

Sin embargo, eso no es cierto. Podemos ser libres si estamos dispuestos a seguir las directrices que Dios nos da para beneficio nuestro. Es un proceso que no podemos completar solos. Necesita la *comunidad* del cuerpo de Cristo, la iglesia. Aunque hay varias maneras en el que un grupo de creyentes pueden ayudarse los unos a otros a través del proceso de la liberación, suele ser eficaz cuando se practica de forma deliberada.

En nuestra iglesia, uno de los tipos más populares de los grupos pequeños son los que llamamos grupos LIFE: *Living In Freedom Everyday* [Viviendo en libertad cada día]. Estos grupos pequeños de manera sistemática conducen a la gente a través de un proceso para lidiar con las luchas que les impiden avanzar. Por lo general, nos enfocamos en tres asuntos: pecados, heridas y maldiciones. Veamos cada uno de estos y la forma en que la Copa de Liberación de Dios lidia con ellos.

* * *

En nuestros grupos LIFE, examinamos nuestros pecados a la luz de nuestros hábitos, actitudes y adicciones. Muchas veces descubrimos conceptos falsos en nuestras actitudes, conceptos que pueden afectar las demás facetas de nuestra vida. Quizá ni siquiera nos demos cuenta de cuán arraigados en nosotros pueden estar los conceptos falsos o las ideas engañosas. Además, quizá tengamos hábitos que nos ponen en riesgos innecesarios de caer en conductas pecaminosas que no nos dejan acercarnos a Dios.

Bueno, hablemos de nuestras adicciones por un momento, en caso de que pienses que esto no se aplica a ti. Pudiera ser tentador pensar que las adicciones solo esclavizan a personas que no pueden dejar de beber, de gastar en juegos de azar o de tener relaciones sexuales ilícitas. Esas son cuestiones que resultan costosas y tenemos la tendencia a pensar que son las únicas adicciones. En cambio, la realidad es que una adicción es cualquier cosa que no queremos hacer, pero que no podemos dejar de hacer. Es cualquier patrón arraigado que nos arrastra a falsos ídolos para escapar de nuestro dolor.

Es fácil ser arrogantes o dados a criticar las adicciones de los demás, pero excusar las nuestras o estar ciegos por completo a las mismas. Tal vez no uses *crack*, pero no piensas en las cinco horas al día que pasas en Facebook. Es posible que no fumes, pero no vacilas en servirte demasiado en cada comida. Nunca has gastado en

> *Es fácil ser arrogantes o dados a criticar las adicciones de los demás, pero excusar las nuestras o estar ciegos por completo a las mismas.*

juegos de azar, pero estás pegado a la televisión todas las noches y no puedes dejar de revisar a cada rato el correo electrónico ni de actualizarte en Twitter en tu teléfono. Sin embargo, esas cosas nos alteran la vida.

Déjame hacerte una pregunta diferente: ¿Cuáles son las cosas de la vida que ejercen control sobre ti? Sé sincero contigo mismo. Quizá te sea más fácil identificar tus adicciones si estudias su ciclo normal.

Al principio es solo algo que hacemos, pero luego se vuelve en parte de nuestra identidad. Nos vemos de cierta forma, aun si no dejamos que su peso nos hunda por completo. «Soy un adicto al trabajo», o un «obsesionado con el deporte», o un «fanático de las modas». Y nos reímos de muchas de estas cosas porque no les damos importancia. Satanás, en su lugar, quiere que interioricemos estas conductas y actitudes. Quiere que sintamos que son esenciales para nuestra identidad y bienestar.

Una parte del poder de una adicción es que tratas de dejarla, pero no puedes. Reduces tus horas de trabajo extra por una semana, pero luego te ves volviendo poco a poco a las doce horas de trabajo diario. Te ajustas a tu presupuesto todo un mes y luego derrochas tu dinero en un par de zapatos. Ingieres comidas saludables a su hora, pero con sigilo vas y te comes una barra de chocolate entre comida y comida. Pronto pierdes las esperanzas de vivir sin tu adictiva muleta.

Puedes reconocer tus adicciones por la forma en que las proteges. Cualquier amenaza a las mismas la tomas como amenaza. A las personas que tratan de ayudarte o de llamarte a contar las tienes como enemigas. De manera lenta, pero constante, comienzas a entregar tu vida a las exigencias de tu adicción. Te preocupas o te sientes culpable o avergonzado de tu secreto, y entonces esas emociones activan en ti la necesidad de volver al confort de tu medio favorito de escape, y el ciclo adictivo comienza de nuevo.

Esta es la meta suprema del enemigo: privarte de una vida de gozo y satisfacción e impedirte ser eficiente. Él viene a robar, matar y destruir (Juan 10:10). Si lo dejas, tus adicciones te mantendrán en una estera rodante de frustración y mediocridad, donde no crecerás para alcanzar el potencial que Dios ha puesto en ti. Se convierten en tus amos y serás su esclavo. Sin embargo, Dios no quiere dejarte así. Como escribió Pablo: «"Todo me está permitido", pero no dejaré que nada me domine"» (1 Corintios 6:12, NVI®).

A continuación, nuestros grupos LIFE se concentran en las heridas. Definimos como heridas las cosas negativas que nos suceden (por lo general, lo que nos hacen otras personas), y sobre las cuales teníamos poco o ningún control. Esto puede incluir abusos sufridos en la niñez, palabras duras de crítica y represión de otras personas, traición del cónyuge u otra persona allegada y querida, rechazo y abandono, y todas las demás cosas que a menudo nos dejan golpeados y lastimados.

Aunque quizá hayamos tratado de perdonar, suele ser más fácil aferrarnos a la ira y a la amargura. Y de nuevo, nuestro enemigo está buscando algo que le dé pie para introducirse, y las heridas en las relaciones suelen abrirle la puerta. A través de las Escrituras se nos recuerda que la ira le da al diablo una puerta de entrada a nuestras vidas. «"No pequen al dejar que el enojo los controle". No permitan que el sol se ponga mientras siguen enojados, porque el enojo da lugar al diablo» (Efesios 4:26-27).

> *Aunque quizá hayamos tratado de perdonar, suele ser más fácil aferrarnos a la ira y a la amargura. Y de nuevo, nuestro enemigo está buscando algo que le dé pie para introducirse.*

En tercer lugar nos enfocamos en las maldiciones, las que definimos como el plan de ataque del enemigo contra nosotros. Las maldiciones son estrategias específicas de las que el diablo se vale para derrotarnos y arruinarnos la vida. Seamos conscientes de ello o no, tenemos un enemigo determinado a socavar la vida que Dios quiere que vivamos. Nuestro enemigo estudia y busca el momento oportuno de atacar.

Al igual que el más peligroso francotirador, espera por nosotros cada día, ansioso de dispararnos con sus mentiras y tumbarnos. Si nos descuidamos y no nos armamos con la verdad de Dios, el enemigo se saldrá con la suya. A través de la Palabra de Dios se nos advierte que prestemos atención y estemos en guardia contra las trampas del diablo. «¡Estén alerta! Cuídense de su gran enemigo, el diablo, porque anda al acecho como un león rugiente, buscando a quién devorar» (1 Pedro 5:8).

* * *

Dios nos promete la Copa de Liberación a fin de que podamos superar todos los obstáculos. Él puede librarnos para que vivamos con el gozo de la verdadera libertad. A través de los años, mientras miles de personas han participado en los grupos LIFE, hemos descubierto esto. Cuando las personas enfrentan el pasado (sus pecados, heridas y maldiciones), experimentan gozo, libertad y crecimiento espiritual. Pasan de tener solo la seguridad de la salvación a tener una experiencia de liberación divina.

¿Cómo? Uno de los mejores instrumentos en la liberación es la *confesión*. Cuando se lo confesamos a Dios, de inmediato recibimos la seguridad de su perdón. «Si confesamos nuestros pecados a Dios, él es fiel y justo para perdonarnos nuestros pecados y limpiarnos de toda maldad» (1 Juan 1:9).

Pareciera que confesarle nuestros pecados a Dios es suficiente, ¿verdad? Aun así, el Señor añade otra pieza al rompecabezas de la liberación: *que nos confesemos unos a otros nuestros pecados*. «Confiésense los pecados unos a otros y oren los unos por los otros, para que sean sanados» (Santiago 5:16). Confesárselos a Dios resuelve lo del pasado: se ocupa de lo que sucedió. En cambio, confesárnoslos unos a otros nos ayuda a que no los volvamos a cometer.

Por eso es que, para beber de la Copa de Liberación, necesitas la participación de por lo menos otro seguidor de Cristo, alguien que ame a Dios y te ame a ti. Cuando uno le confiesa sus pecados a otra persona, establece cierto nivel de responsabilidad ante ella. Es como cuando trato de hacer ejercicios con regularidad. Tengo más éxito siempre que me busco un compañero de hacer ejercicios y acordamos reunirnos en el gimnasio. Estoy mucho más inclinado a ir si sé que mi amigo va a estar esperándome en el gimnasio. Si sabes que alguien va a estar vigilándote y preguntándote cómo te va en el asunto, vas a pensarlo dos veces antes de volver a los viejos hábitos.

> *Dios nos promete la Copa de Liberación a fin de que podamos superar todos los obstáculos. Él puede librarnos para que vivamos con el gozo de la verdadera libertad.*

Existe también una parte milagrosa en la confesión y la liberación. Cuando Dios nos diseñó, sabía que la mitad de la batalla que libraríamos sería decir la verdad y confesársela a otra persona. Cuando le confesamos nuestras faltas, nuestros agravios, nuestras obsesiones y nuestros tropezones a otra persona, se produce una dinámica espiritual. Nuestra confesión le muestra al reino de las tinieblas que estamos listos para un cambio. Cuando expresamos con palabras nuestras faltas e invocamos el nombre del Señor en medio de nuestra situación, el enemigo de nuestras almas queda derrotado. «Ellos lo han vencido [al diablo] por medio de la sangre del Cordero y por el mensaje del cual dieron testimonio» (Apocalipsis 12:11, NVI®).

Otra forma de beber de la Copa de Liberación y alcanzar la libertad es invitar a Jesús a que ocupe su lugar como Señor de todas las facetas de tu vida. ¿Por qué? Porque cualquier esfuerzo por romper con los malos hábitos sin una transformación del corazón que, en el mejor de los casos, es una solución que dura poco. La realidad es que está condenado al fracaso.

Necesitamos corazones transformados, no solo conductas transformadas. Si nuestros corazones cambian, nuestra conducta va a cambiar. A pesar de eso, casi ninguno de nosotros quiere una vida cambiada ni un corazón cambiado; solo queremos circunstancias cambiadas.

No queremos dejar de comer en exceso; solo queremos ser delgados. No queremos dejar de gastar a manos llenas; solo queremos ser independientes en cuanto a nuestras finanzas. No queremos dejar la lujuria, pero queremos un buen matrimonio.

Nuestro verdadero problema no está en las cosas que nos controlan. Algo mucho más grande está sucediendo. Las cosas que nos dominan solo son síntomas. La verdadera enfermedad es la idolatría.

No dejes que la palabra *idolatría* te asuste ni que te haga subestimar su capacidad de infiltrarse en tu vida. No se trata de tener una estatua satánica en la casa ante la cual nos postremos. Idolatría es *cualquier cosa*, aparte de Dios, que permitimos que se siente en el trono de nuestro corazón... y alguna que otra vez todos caemos en esto. Y cuando algo se sienta en el trono de nuestro corazón, nos volvemos sus esclavos. Lo que esté sentado en el trono de nuestro corazón nos gobierna.

* * *

La aplicación práctica de este principio es simple. Cada día, permite que Jesús sea el Señor de tu vida. Cada día, despréndete de cualquier cosa que esté compitiendo por tu corazón. Cada día, adora a Dios con tus oraciones, tus cantos y tu vida. Lo único que los hijos de Israel tuvieron que hacer para salir de la esclavitud fue entregar sus corazones a Dios y sus caminos. Dios les dio todo tipo de instrucciones y leyes sobre cómo vivir, leyes que les recordarían quiénes eran: hijos e hijas del Rey, no esclavos del enemigo. Después de recibir la salvación, tenemos que concentrarnos en nuevas reglas en la vida que producen un nuevo corazón, una nueva mentalidad y un nuevo modo de vivir.

Las leyes del Antiguo Testamento que el Señor les dio a los israelitas se enfocaban en vivir de forma externa las reglas. En el Nuevo Testamento, como vimos, el énfasis está en lo que sucede en nuestro *interior*. Lo vemos explicado con todo propósito en un pasaje de Hebreos. Observa la forma en que se hace eco de las cuatro cosas que *Él va a hacer* de Éxodo 6:6-7.

Si el primer pacto no hubiera tenido defectos, no habría sido necesario reemplazarlo con un segundo pacto. Pero cuando Dios encontró defectos en el pueblo, dijo:

«Se acerca el día, dice el Señor, en que haré un nuevo pacto con el pueblo de Israel y de Judá.

Este pacto no será como el que hice con sus antepasados cuando los tomé de la mano y los saqué de la tierra de Egipto. Ellos no permanecieron fieles a mi pacto, por eso les di la espalda, dice el Señor.

Pero este es el nuevo pacto que haré con el pueblo de Israel en ese día, dice el Señor: Pondré mis leyes en su mente y las escribiré en su corazón. Yo seré su Dios, y ellos serán mi pueblo.

Y no habrá necesidad de enseñar a sus vecinos ni habrá necesidad de enseñar a sus parientes, diciendo: "Deberías conocer al Señor". Pues todos ya me conocerán, desde el más pequeño hasta el más grande.

Perdonaré sus maldades y nunca más me acordaré de sus pecados».

HEBREOS 8:7-12

Por último, no trates de beber de la tercera ni de la cuarta copa de las promesas de Dios saltándote la segunda copa o yendo muy deprisa por la misma. Te digo esto sobre todo porque no podrás apreciar ni experimentar la plenitud de la tercera y la cuarta sin recibir la liberación que Dios tiene para ti. No podemos comenzar el trabajo de mañana sin resolver el desastre de ayer. Tienes que experimentar la sanación que procede de una recién adquirida completitud, una nueva totalidad, una nueva integridad, y eso solo se logra con la alineación de tu cuerpo, tu alma y tu espíritu con Dios.

Por otro lado, al enemigo le encantaría que no salieras de la segunda copa. Quiere que pases el resto de tu vida mirando a través del retrovisor en vez de ver la senda que Dios te pone delante. Si siempre estás plagado de problemas y de tus ayeres, no alcanzarás la plenitud de tu verdadero propósito ni tu lugar en el Reino de Dios.

Sin embargo, Dios te concedió la Copa de Liberación, un don de esperanza, redención y satisfacción plena. «¿Quién me libertará de esta vida dominada por el pecado y la muerte? ¡Gracias a Dios! La respuesta está en Jesucristo nuestro Señor» (Romanos 7:24-25).

Si quieres comenzar el proceso de beber de la Copa de Liberación, puedes elevar una oración sencilla como esta:

Padre:
Te confieso mis pecados y te doy gracias porque eres fiel y justo, y perdonas mis pecados y me limpias de toda maldad. Señor, dame valor y sabiduría para acercarme a esas personas que te aman a ti y me aman a mí, y hablarles de mis luchas, de mis faltas y así experimentar Sanidad. En cada aspecto, sé el Señor de mi vida.
Amén.

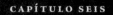

CAPÍTULO SEIS

LA COPA DE REDENCIÓN

Te redimiré con mi brazo poderoso y

con grandes actos de juicio.

ÉXODO 6:6

CUANDO ERA JOVEN, coleccionaba los sellos llamados «S&H Green» que daban en los mercados. Tengo maravillosos recuerdos de tomar esos sellos en las tiendas de víveres, en las gasolineras, en las tiendas por departamentos y pegarlas en las libretas para sellos que mamá nos daba a mí y a mis hermanos. Pasábamos horas revisando maravillados los catálogos de las cosas que queríamos obtener con aquellos sellos: bicicletas, patines, guitarras y un montón de cosas más. Luego, coleccionábamos suficientes sellos para después redimirlos con esos artículos tan especiales.

Coleccionar y luego cambiar esos sellos por juguetes me permitieron entender mucho mejor las palabras redimir y redención. Aunque crecí asistiendo a una iglesia, y es muy probable que haya oído esas palabras docenas de veces, lo que más me impresionó fue recibir algo a cambio de los pálidos sellos cuadrados.

Redimir quiere decir volver a comprar algo o hacer efectivo el valor de algo para comprar otra cosa. Si buscas en un diccionario, hallarás que también quiere decir recuperar, liberar a alguien o algo de lo que los incomoda o daña, sacar de la esclavitud pagando un rescate, reformar o restaurar. Cuando Dios nos redime, paga la deuda de nuestros pecados con el sacrificio de Jesús en la cruz. Como resultado, podemos experimentar la libertad de cumplir el propósito que Dios tuvo al crearnos.

Como vemos con los hijos de Israel en Egipto, a Dios no solo le interesaba salvarlos y librarlos de la esclavitud, sino que tenía un plan con ellos. Quería redimir sus sufrimientos y sus dolorosas luchas del pasado y convertirlos en algo que pudiera volverlos más fuertes, más sabios y más concentrados en sus relaciones con Él.

Al redimirnos, Dios nos capacita para hacer lo que debemos hacer.

Lo mismo es cierto con el pueblo de Dios hoy en día. Al redimirnos,

Dios nos capacita para hacer lo que debemos hacer. Para los israelitas, no era fabricar ladrillos para el faraón en fosos de barro. Dios los sacó de allí para que vivieran vidas productivas y satisfactorias en la tierra de la promesa. A pesar de los fosos de barro modernos en los que nos hallamos, Dios nos promete lo mismo a nosotros.

* * *

Dios nos creó con un propósito específico; un propósito que tuvo en mente desde antes de la fundación del mundo. Es más, tenía buenas obras en mente para nosotros, y entonces nos creó. «Porque somos hechura de Dios, creados en Cristo Jesús para buenas obras, las cuales Dios dispuso de antemano a fin de que las pongamos en práctica» (Efesios 2:10, nvi®). La palabra griega que se traduce «hechura» es *poiema*, de la que viene la palabra *poema* y *poesía*. Somos el poema que Dios sabía que quería escribir al crearnos. Al redimirnos, nos convertimos en su «palabra hecha carne», transformados para que seamos cada vez más semejantes a Jesús.

El discipulado no se trata de aprender más cosas; se trata de descubrir y desarrollar la razón por la que nos crearon, y luego vivirlo.

Nuestra redención es la esencia del *discipulado*. Dios nos creó y nos llama a todos a ser estudiantes de Cristo, aprendiendo y creciendo para estar más cerca de nuestro Padre por medio de su Hijo. Muchas veces caemos en el error de pensar que el discipulado demanda una preparación especial o un título de seminario. Sin embargo, el discipulado no se trata de aprender más cosas; se trata de descubrir y desarrollar la razón por la que nos crearon, y luego vivirlo.

Cuando vas a la universidad, no solo aprendes lo que estén enseñando en el aula en que te toque estar ese día. Tomas ciertas clases que corresponden a lo que estás estudiando, a lo que te sientes llamado a ser cuando termines en la universidad. Aprender no es la única meta que tienes en la vida, aprender es importante y es de toda la vida, pero la meta es *aplicar* lo aprendido. Dios quiere que hagas aquello para lo que te creó. Y según la promesa hecha en la Copa de Redención, Él te redime de dos maneras.

Primero, Él lo hace con su «brazo poderoso» (Éxodo 6:6). ¡Imagínatelo extendiendo el brazo y levantándote cuando caes! ¡Me encanta este concepto! Dios extiende el brazo hacia nosotros para que podamos asir su mano y volver a ponernos de pie. El Señor se humilla al acercarse a nosotros, o como dice el salmista: «Con tu bondad me engrandeciste» (Salmo 18:35, RVC).

¿Por qué tuvo que engrandecernos? Porque hemos estado convencidos de que no somos tan importantes; y nos hemos resignado al hecho de que nuestra vida será ordinaria a lo sumo. Dios ve grandeza en su pueblo. Sabe que la tenemos porque nos creó y nos puso aquí. Puso una grandeza en *ti* que ni siquiera alcanzas a ver por tu cuenta. Dios quiere ayudarte a descubrir para lo que te creó que hicieras y experimentarás la satisfacción que proviene de hacerlo.

La realidad es que no veía grandeza en mí. Era una estudiante promedio, de los que sacan C. Cuando ingresé a la universidad estatal de Luisiana, fallé en una clase de oratoria. Me daba tanto miedo hablar ante los otros estudiantes (solo unos treinta) de mi clase que apenas pude terminar mi presentación. ¿Quién iba a decir que Dios un día me pondría a hablar ante decenas de miles de personas todos los fines de semana?

Te puedo asegurar que yo no. Y estaba en peligro de vivir una vida irredenta. La única manera en que pude comenzar a vivir como Dios quiere es que Él usó a otras personas para que vieran el potencial en mí que yo nunca hubiera visto por mí mismo. Algunas de esas personas me profetizaron mi futuro. Otros me alentaron, exhortaron y me hicieron ver mis habilidades.

LA COPA DE REDENCIÓN

Estoy convencido de que a veces es necesario que otros noten el potencial que Dios ha puesto en nosotros, porque tendemos a limitarnos volviéndonos demasiado autocríticos.

✳ ✳ ✳

La otra forma en que Dios promete redimirnos es mediante «grandes actos de juicio» (Éxodo 6:6). Sin embargo, antes de que comiences a pensar que esto parece contradictorio con que Dios nos levante y empuje hacia nuestra grandeza, tienes que comprender qué, y a quiénes, Dios juzga con sus grandes actos. Los grandes actos de juicio de Dios están reservados para el enemigo de nuestras almas. Como cualquier padre protector, Dios nunca vacila en enfrentarse al enemigo de sus hijos.

Mira, el diablo tiene sus propios planes con tu vida. Va a hacer cualquier cosa por oscurecer tu identidad como hijo de Dios y descarrilar tu verdadero propósito. Tu enemigo quiere que tengas un concepto tan bajo de ti mismo que ni siquiera intentes hacer aquello para lo que te creó Dios. El diablo va a tratar de menoscabar tus esfuerzos y tratar de impedir que vayas tras tu sueño. Y va a poner todo tipo de tropiezo en tu camino.

Hasta una persona que logró tanto como el apóstol Pablo tuvo que enfrentar muchas veces esta resistencia. En 1 Tesalonicenses 2:18 afirmó: «Teníamos muchas ganas de visitarlos de nuevo, y yo, Pablo, lo intenté una y otra vez, pero Satanás nos lo impidió». El término «impedir» en griego es *enkopto*, lo cual significa «cortar dentro» una zanja en el camino o colocar un obstáculo infranqueable, como lo hacen los asaltantes cuando quieren que el viajero se detenga y quede a su merced. Estos obstáculos nos impiden progresar destrozando el camino y creando desvíos para que tomemos otro rumbo.

A Satanás le gusta aprovechar nuestros problemas de cada día para desviarnos. No quiere que bebamos de la Copa de Redención. A fin de molestarnos e impedir que continuemos por el camino de la redención divina, el enemigo va a tratar de volvernos miopes. No quiere que veamos el panorama completo, el eterno plan que Dios tiene con nosotros. En su lugar, el diablo quiere que nos mantengamos centrados en nosotros mismos, nuestros problemas, nuestra propia comodidad y conveniencia. Dios, en cambio, continúa extendiendo su brazo y nos levanta. Como escribió Pablo: «Por todos lados nos presionan las dificultades, pero no nos aplastan. Estamos perplejos pero no caemos en la desesperación. Somos perseguidos pero nunca abandonados por Dios. Somos derribados, pero no destruidos» (2 Corintios 4:8-9).

¿Cómo es eso de que a pesar de que Pablo enfrentaba todo tipo de problemas nunca se desvió de su llamado? Aprendió el secreto del *enfoque*. «Nuestras dificultades actuales son pequeñas y no durarán mucho tiempo. Sin embargo, ¡nos producen una gloria que durará para siempre y que es de mucho más peso que las dificultades! Así que no miramos las dificultades que ahora vemos; en cambio, fijamos nuestra vista en cosas que no pueden verse. Pues las cosas que ahora podemos ver pronto se habrán ido, pero las cosas que no podemos ver permanecerán para siempre» (2 Corintios 4:17-18).

Lo cierto es que es fácil volvernos miopes, enfocados solo en nuestros problemas de cada día. Se puede notar cuando alguien tiene miopía espiritual por la forma en que ora. ¿Eleva oraciones largas que transformarán al mundo? ¿U ora sobre lo que quiere en sus circunstancias inmediatas? Si el diablo no puede impedir que llegues al cielo, tratará al menos de que por el momento seas ineficiente. A él le encantaría que nunca pasaras más allá de la segunda copa, siempre luchando en el ciclo infinito de la liberación de tu propio ensimismamiento.

En vez de eso, debemos experimentar y practicar la liberación que promete la tercera copa, la Copa de Redención. Dios quiere que crezcamos, descubramos y nos proyectemos hacia la total realización de nuestro potencial. De lo contrario, seguiremos siendo miopes e improductivos, y eso encaja muy bien en el plan del enemigo.

> *Precisamente por eso, esfuércense por añadir a su fe, virtud; a su virtud, entendimiento; al entendimiento, dominio propio; al dominio propio, constancia; a la constancia, devoción a Dios; a la devoción a Dios, afecto fraternal; y al afecto fraternal, amor. Porque estas cualidades, si abundan en ustedes, les harán crecer en el conocimiento de nuestro Señor Jesucristo, y evitarán que sean inútiles e improductivos. En cambio, el que no las tiene es tan corto de vista que ya ni ve, y se olvida de que ha sido limpiado de sus antiguos pecados.*
>
> 2 PEDRO 1:5-9, NVI°

* * *

Entonces, ¿cómo descubres tu vocación redentora? La mejor manera de descubrir tu llamado divino (lo que Dios quiere que hagas) es entender tu diseño divino (cómo te creó Dios). En otras palabras, tu diseño revelará tu destino.

Permíteme explicarlo. Como «somos hechura de Dios, creados en Cristo Jesús para buenas obras, las cuales Dios dispuso de antemano a fin de que las pongamos en práctica» (Efesios 2:10, NVI), puedes estar seguro de que a propósito te hizo de la forma en que eres. Dios no te creó y luego pensó: «*Bueno, ¿y ahora qué voy a hacer con este?*». Dios no alentó vida en ti y después decidió cuál sería tu suerte. Todo lo opuesto. Dios tuvo algo en mente para ti y te creó para que sucediera. Vio una necesidad, un hueco, una vacante en el mundo y te diseñó para que pudieras llenarla.

El primer paso para descubrir el propósito de tu vida es librarte de ataduras. Esto ocurre cuando bebes de la primera copa de la promesa de Dios para ti: Te *salva*. El siguiente es que dejes que Dios te quite el dolor y las cicatrices de tu ayer; esta es la segunda copa, la de *liberación*. Demasiadas personas pasan veloces por la segunda copa o la pasan por alto y quieren correr hacia su propósito. Sin embargo, nunca podremos cumplir con nuestro propósito en la vida hasta que lidiemos con las heridas del pasado.

Esto lo vemos muy claro en la parábola de los talentos en Mateo 25 (LBLA). A los tres siervos no se les dio la misma cantidad de talentos: uno recibió cinco, el siguiente recibió dos y el tercero solo recibió uno. Los tres tenían la misma oportunidad de utilizar sus talentos con sabiduría y utilidad a favor de su amo. La única diferencia es que el siervo con un talento permitió que sus temores lo llevaran al fracaso. Tenía a su amo como un juez duro, poco razonable, despótico en vez de un padre bondadoso.

Si vives con miedo, enterrarás tu talento. En su lugar, debes enterrar tus miedos, tus penas e invertir tu talento. Una vez que confieses tus miedos, tus penas y tus limitaciones y sanes, será hora de explorar tu personalidad, tus dones, tus pasiones y tus sueños. Dentro del cofre de tesoros de tu diseño divino descubrirás tu destino.

Todo comienza al descubrir lo que Dios quiso que fueras. Una vez que comiences a vivir lo que descubras, empieza en realidad la diversión. Desde los cuatro temperamentos griegos básicos hasta los tipos de personalidades Myers-Briggs, hay muchas diferentes maneras de explorar la forma en que te diseñó Dios. Tómate un minuto para agradecerle a Dios la forma en que te diseñó. «Tú creaste las delicadas partes internas de mi cuerpo y me entretejiste en el vientre de mi madre. ¡Gracias por hacerme tan maravillosamente complejo! Tu fino trabajo es maravilloso, lo sé muy bien» (Salmo 139:13-14).

* * *

Otra faceta primordial del descubrimiento de uno mismo tiene que ver con los dones espirituales. Cuando nos hacemos cristianos y el Espíritu Santo mora en nosotros, Él trae consigo dones espirituales que actúan en armonía con nuestra personalidad, experiencia y nuestras capacidades. Un don espiritual es una capacitad sobrenatural que Dios nos da a cada uno de sus hijos para que juntos podamos promover sus propósitos en el mundo.

Todos tenemos dones espirituales diferentes que Dios puso en nosotros para cumplir nuestro propósito y hacer avanzar su Reino. Como Pablo explica: «Hay en la iglesia *diferentes* dones, pero el que los concede es un *mismo* Espíritu. Hay *diferentes* maneras de servir, pero todas por encargo de un *mismo* Señor. Y hay *diferentes* manifestaciones de poder, pero es un *mismo* Dios, que, con su poder, lo hace todo en todos. Dios da a cada uno alguna prueba de la presencia del Espíritu, para provecho de todos» (1 Corintios 12:4-7, DHH, énfasis añadido). Fíjate que en este pasaje, aparecen tres veces las palabras *diferente* y *mismo*. Dios quiere enfatizar que cada uno de nosotros es único y diferente de todos los demás, pero que todos estamos unidos en servir al mismo Dios.

> *El mismo Dios que redimió y restauró al pueblo judío ha equipado a cada seguidor de Jesús con los dones y atributos necesarios para cumplir sus propósitos.*

Aun estando en la misma y exacta situación, las personas con diversos dones espirituales verán la situación de una manera diferente. Mi amigo y colega en el pastorado Rick Warren tiene una tremenda manera de ilustrar estas diferencias. Dice que imaginemos que cada miembro de una familia sentado a la mesa representa un don espiritual. Si a alguien se le cae su postre al piso, aquí tienes cómo respondería cada miembro (don espiritual) de la familia:

Misericordia: *«No te sientas mal, podría haberle ocurrido a cualquiera».*
Predicación: *«¡Eso es lo que sucede cuando uno no es cuidadoso!».*
Servicio: *«Permíteme ayudarte a limpiar».*
Enseñanza: *«Se le cayó porque tenía demasiado peso en uno de los lados».*
Exhortación: *«La próxima vez sirvamos el postre con la comida».*
Dar: *«Con mucho gusto te compraré otro postre».*
Administración: *«Jim, ¿puedes alcanzarme un trapeador? Sue, recógelo. María ayúdame a preparar otro postre»*[2].

Por supuesto, hay más dones espirituales que estos, pero ya entiendes lo que quiero decir. De por sí nos concentramos en diferentes campos de servicio que por naturaleza vienen a nosotros. Cada don es bueno porque procede de Dios (Santiago 1:17). Ninguno es mejor que otro. Los rasgos de nuestra personalidad, temperamentos o nuestros dones espirituales no se miden ni comparan unos a otros, como si algunos fueran más dignos o valiosos que otros. No hay lugar para los sentimientos de inferioridad ni de envidia en el cuerpo de Cristo; cada uno de nosotros es «una creación admirable» (Salmo 139:14, NVI®).

Cualquiera que sea tu tipo de personalidad, siempre lleva el fruto del Espíritu en tu vida. Los diferentes tipos de personalidad y dones espirituales no son una excusa para ser desamorados, desagradables o injustos al criticar o juzgar a los demás. Aunque no puedes alterar tu personalidad ni tus dones espirituales, puedes mejorarlos con el poder del Espíritu Santo, que es la fuente de todos ellos (1 Corintios 12:4).

Cuando te empeñas en descubrir tu llamado o cuando sientes que debes ir tras él, ten en mente cómo el poder redentor de Dios redimió a Israel. Dios los sacó de la esclavitud en los fosos cenagosos de Egipto para que fueran unas de las personas más influyentes de este mundo.

Algunas de las mentes más brillantes de la historia humana han sido judías. Hasta la fecha, el pueblo judío ha ganado más del veinte por ciento del número total de Premios Nobel otorgados (187 de 800), aunque la población judía constituye menos de dos décimas del uno por ciento de la población mundial. Yo diría que, en efecto, ¡Dios los ha redimido con su brazo poderoso y con grandes actos de juicio!

El mismo Dios que redimió y restauró al pueblo judío ha equipado a cada seguidor de Jesús con los dones y atributos necesarios para cumplir sus propósitos. Sin embargo, al trabajar con miembros de nuestra iglesia y conversar con pastores de otras iglesias, he hallado que más del ochenta por ciento de las personas de nuestras iglesias nunca han descubierto lo que les hace únicos. Jamás han descubierto su llamado redentor. La Biblia dice que cada uno de nosotros es parte del cuerpo de Cristo y que cada uno de nosotros tiene una función diferente e importante (1 Corintios 12:27). ¿Te imaginas lo que sería tu cuerpo físico si el ochenta por ciento del mismo no supiera cuál es su función? Es probable que murieras o por lo menos quedaras inválido. Cuando descubrimos y desarrollamos nuestro llamado redentor, no solo vivimos vidas con propósito y satisfacción, sino que pasaríamos a ser un cuerpo completo, uno que Dios puede usar de manera poderosa.

Dios es omnipotente, todo el potencial está en Él. Y el potencial de Dios es grande en ti. Mientras más te acercas a Él, más te revelará el plan que ha tenido contigo desde antes que nacieras. Deja que Dios te conduzca en una travesía de increíble redención. Bebe de la tercera copa de la promesa. He aquí una sencilla oración para que comiences:

Padre:
Gracias por diseñarme con un propósito desde antes del comienzo del tiempo. Gracias por los dones que me has dado para que pueda servirte. Abre los ojos de mi corazón y permíteme verme de la forma en que me ves tú. Dame sabiduría para descubrir, desarrollar y vivir el propósito redentor que tienes para mi vida. Te entrego mi vida... y todos mis talentos, dones y capacidades.
Amén.

CAPÍTULO SIETE

LA COPA DE ALABANZA

Haré de ustedes mi pueblo;

y yo seré su Dios.

ÉXODO 6:7, NVI*

ALELUYA es una palabra de júbilo que muchos cristianos utilizan para regocijarse, aun si no entienden todo su significado. Como quiera, aciertan al decirla. La raíz de la palabra, *halel*, quiere decir celebrar, alardear, delirar. Es una exclamación de victoria después que uno experimenta algún nivel de realización.

Se entiende entonces por qué el pueblo judío llama *Seder Halel* a la última copa de la Pascua, porque con esta celebran el hecho de que se constituyeron en una nueva nación después de su rescate y liberación de Egipto. Se regocijan en su identidad como parte de la familia de Dios. Y alaban a Dios por darles una vida plena y llena de significado que marca una diferencia en el mundo.

Cuando vivimos nuestros sueños (realización), la alabanza brota de manera espontánea. Por eso a veces me refiero a esta última copa como la Copa de la Realización. Todo tiene que ver con ser parte del Reino de Dios, de ser hijos suyos, de tener una familia y pertenecer a ella. Todo tiene que ver con saber que somos parte de algo mayor que nosotros mismos y trabajamos a la par de otros que cumplen el plan de Dios.

Nadie me recuerda más que Tommy Barnett que soy parte de algo mayor. Tommy Barnett es uno de mis héroes en el ministerio. Es pastor de la iglesia *Phoenix First Assembly of God*, además de ser cofundador, con su hijo Matthew, de *Los Ángeles Dream Center*, un ministerio basado en voluntarios que facilitan múltiples facetas de restauración a individuos y familias necesitadas. El pastor Barnett tiene más de setenta años y todavía procura grandes cosas para Dios con más pasión y energía que hombres con la mitad de su edad.

En una entrevista reciente le preguntaron: «Ahora que tiene más de setenta años, ¿se lamenta de algo?». Sin vacilar, Tommy respondió: «Sí, dos. Lamento no haber tenido sueños mayores. Y lamento no haberme arriesgado más»[3]. Viniendo de una persona que, según la veo yo, ha hecho más por hacer avanzar el Reino de Dios que la mayoría de las personas, su respuesta me sorprendió. Con todo, hay algo en su respuesta que sintetiza lo que es nuestra cuarta copa de promesa, la Copa de Alabanza.

* * *

A menudo hablamos de «vivir el sueño» al referirnos a alguien que de veras ha tenido éxito en hacer lo que le encantaba. O lo decimos para expresar todo lo opuesto: una sarcástica respuesta cuando se le pregunta a alguien que está atascado cómo le van las cosas. Sin embargo, Dios de veras siempre ha querido que vivamos nuestros sueños... los sueños que puso en nosotros. Es la única forma en que podemos alcanzar lo que se conoce como satisfacción, gozo y sentido de plenitud que no puede comprar el dinero y que no puede alcanzar el bienestar material.

> *El plan supremo de Dios es que logres sentirte realizado. Él quiere que vivas la vida a plenitud.*

El plan supremo de Dios es que logres sentirte realizado. Él quiere que vivas la vida a plenitud. El enemigo de nuestras almas, por otro lado, se empeña en que no tengamos gozo, sentido y propósito. Jesús expresa con claridad lo contrario: «El propósito del ladrón es robar, matar y destruir. Mi propósito es dar vida eterna y abundante» (Juan 10:10, LBD).

Por lo que he visto, la mayoría de las personas no llega a la cuarta copa. Se quedan atrapados en alguna parte del camino y se atascan en algún lugar. ¿Por qué? Porque aun cuando descubren su llamado, o al menos algo del mismo, no lo viven. Estoy convencido que la dilación basada en el temor impide que las personas vivan a plenitud.

El supremo propósito de las cuatro copas de la promesa es que vivamos la vida no vivida que llevamos dentro. Brian Houston, pastor principal de la *Hillsong Church*, en Australia, resume la cuarta copa al exhortar a los cristianos a vivir la vida que no han vivido. En uno de sus mensajes, instó a todos:

Lleva adelante ese proyecto con el que has soñado
Comienza esa dieta y esa rutina saludables
Termina esos estudios
Aprende a tocar ese instrumento
Por último, aborda esa adicción o ese hábito malsano
Comprométete a tu iglesia local y participa en ella
Escribe ese libro
Compón esa canción

No es que sea necesario que hagas todas estas cosas ni que te sientas presionado a ser una persona perfecta. Es que Dios ha colocado sueños y deseos divinos en ti por alguna razón. Dios no te dio ese sueño para que a toda hora te sientas frustrado y derrotado. Quizá no puedas imaginar cómo tu sueño pueda hacerse realidad. En cambio, quizá así deba ser y eso signifique que tengas que depender de Dios como fuente de poder. Cuando entierras tus talentos, tienes miedo, eres perezoso o demasiado miope para invertir en los sueños que Dios puso en ti, tu vida se vuelve una tragedia de eterna lamentación.

* * *

Entonces, ¿cómo vas a beber de esta cuarta copa y seguir adelante hacia los sueños que Dios tiene para ti? Aunque varía con cada individuo, te hablaré de cómo lo hago yo. Casi todas las semanas reviso la lista de las cosas que quiero hacer antes de «estirar la pata». Mi lista incluye tres categorías principales: (1) *intereses relacionales*: las cosas que quiero hacer y los lugares que quiero visitar con mi familia; (2) *intereses ministeriales*: mis sueños de servir a Dios y equipar a otros; y (3) *emociones*: un surtido circunstancial de cosas que quiero ver, hacer y experimentar. Con más de cien asuntos en mi lista, sospecho que la mitad nunca las marcaré como alcanzadas. Aun así, sé también que si no tengo metas, nunca lograré nada.

Te exhorto a escribir tu propia versión. No solo incluye las cosas que de seguro o casi de seguro alcanzarás, pero cerciórate de que tengas en la lista algunas que sean absurdas, locas y al parecer imposibles de alcanzar.

Mi lista me recuerda que alcanzar mis sueños es el secreto de la felicidad. Y sé que la verdadera felicidad no se alcanza escalando montañas ni escribiendo éxitos de librería. Las personas más felices del planeta son las que influyen de manera positiva en la vida de otras personas, porque es así que nos diseñó Dios.

Él coloca un profundo deseo en el corazón de todas las personas, deseo que no solo es importante para Dios, sino que satisface también nuestra mayor necesidad cuando se lleva a cabo. El rey Salomón lo expresó muy bien: «Dios lo hizo todo hermoso para el momento apropiado. Él sembró la eternidad en el corazón humano, pero aun así el ser humano no puede comprender todo el alcance de lo que Dios ha hecho desde el principio hasta el fin» (Eclesiastés 3:11).

A medida que analizas tus más profundas necesidades, quizá sea útil que consultes la «jerarquía de necesidades» del psicólogo estadounidense Abraham Maslow, una teoría de la motivación humana basada en cinco niveles de la misma: fisiológico, seguridad, amor, autoestima y autorrealización. Maslow creía que la gente se siente motivada por sus metas de satisfacer estas necesidades, comenzando con las físicas, y subiendo a través de las otras etapas a medida que las necesidades van quedando satisfechas. Al alcanzar y sentirnos seguros en esos niveles, somos conscientes del siguiente nivel y actuamos para alcanzarlo.

> *Dios coloca un profundo deseo en el corazón de todas las personas, deseo que no solo es importante para Él, sino que satisface también nuestra mayor necesidad cuando se lleva a cabo.*

Estoy seguro de que Maslow tenía razón, y que su teoría, que ha alcanzado gran popularidad durante más de setenta años, revela la forma en que nos diseñó Dios. Maslow creía que procuramos la autorrealización en cuanto a nuestras necesidades más básicas y en cuanto a todo lo que seamos capaces de llegar a ser, no solo para sobrevivir, sino para darle significado a nuestra vida.

El artículo original de Maslow se concentra en cinco necesidades, pero otras personas que estudiaron y aplicaron esta lista la expandieron a ocho, a fin de incluir necesidades que reflejan nuestros más altas aspiraciones de sentirnos realizados. Al repasarlas brevemente una a una, piensa en cuánto tiempo sueles pasar tratando de satisfacerlas. Las primeras cuatro necesidades, llamadas necesidades por «deficiencias», son las cosas que necesitas para vivir y evitar consecuencias negativas. Estas son necesidades perennes que siempre hay que satisfacer o padecerás privaciones o deficiencias. Entre las necesidades por deficiencia están:

1. **Necesidades físicas.** Son necesidades biológicas y psicológicas como aire, alimento, agua, refugio, calor y sueño. Los estudios señalan que en los Estados Unidos el ochenta y cinco por ciento de las personas tiene cubierta estas necesidades básicas.

2. **Necesidades de seguridad.** Necesitamos protección de los elementos al igual que seguridad, orden, leyes, límites y estabilidad. Por eso es que tenemos llaves en las puertas, aprendemos defensa personal, portamos armas y permanecemos con lo que conocemos bien aun si no nos conviene (como un mal trabajo o unas malas relaciones). Los investigadores nos dicen que alrededor del setenta y cinco por ciento de las personas en nuestro país tiene satisfechas estas necesidades.

3. **Necesidades de amor.** Todos anhelamos que nos amen y pertenecer a alguien. Necesitamos una familia, cariño y relaciones saludables. Por eso las redes sociales son tan populares. Todos queremos estar conectados con otros de una forma significativa. Cerca del cincuenta por ciento de las personas dice que tiene satisfechas estas necesidades.

4. **Necesidades de estima.** Esto incluye autoestima, logros, reconocimientos y el deseo de que nos aprecien y valoren. Muchas veces se reduce a lo que pensamos de nosotros mismos, lo que otros piensan de nosotros y lo que los demás ven en nosotros (apariencia, ropa, casa, automóvil, trabajo, etc.). De entre las personas encuestadas, alrededor del cuarenta por ciento indicó que estas necesidades se suplían a plena satisfacción.

Las últimas cuatro son necesidades de orden superior, necesidades «de crecimiento», cosas que contribuyen a nuestro crecimiento y realización como personas. Estas necesidades son más abstractas y de largo plazo, pero representan lo que de veras nos hace sentir realizados y felices en verdad. Todas estas necesidades, excepto la de autorrealización, se añadieron a la lista original de Maslow.

5. **Necesidades cognitivas.** Todos necesitamos estímulos mentales: conocimiento, significado, soluciones y análisis. Queremos y necesitamos entender cómo actúan y cambian ciertas cosas. Por eso es que nos gustan programas de televisión como *Planeta Tierra*, y por qué algunas personas han dedicado sus vidas al estudio de ciertas cosas o temas.

6. **Necesidades estéticas.** Algunas personas tienen un aprecio innato por el orden y la belleza y los desean como parte de sus vidas. Puede manifestarse en amor por la naturaleza y el aire libre o pasión por las montañas, las playas, los animales o el tiempo. Estas necesidades explican por qué preferimos un estilo de casa a otro, o por qué nos gusta cantar, dibujar, pintar, escribir o diseñar ropa. Por eso es que queremos ciertos cuadros en las paredes pintados con determinados colores.

7. **Necesidades de autorrealización.** Esta es la necesidad básica de captar el potencial que tenemos, la sensación de ser la mejor persona que nuestro Creador quiso que fuéramos. Se refleja en nuestro empeño por alcanzar metas con inquebrantable excelencia, sin importar lo que andemos buscando. Pudieran ser grandes experiencias en el fútbol o en un laboratorio de investigaciones, o llegar a ser un experto debido a una pasión o a la comprensión de nuestros más caros deseos. Dios pone un deseo en cada uno de nosotros de alcanzar este potencial; con todo y eso, los estudios muestran que solo el dos por ciento de las personas en Estados Unidos alcanza este nivel de realización. Una nota interesante: solo un décimo por ciento de los universitarios se siente realizado en la vida.

8. **Necesidades de trascender.** Para Maslow, la necesidad de sentirnos realizados era la necesidad más grande, pero esta necesidad es todavía mayor. Es la suprema necesidad en la vida de una persona, el supremo motivador que explica por qué nos levantamos en la mañana y soportamos todo lo

que lo que nos depara la vida. Se manifiesta en compasión, solidaridad y cuidados; las veces que dejamos nuestras cosas por ayudar a los demás, no por obligación, sino por el gozo de ayudar a otras personas a satisfacer sus necesidades. Esta necesidad solo se puede llenar cuando ya están satisfechas las nuestras. No podemos ayudar a otros a resolver sus necesidades si no resolvemos las nuestras. La vida trascendente es de lo que trata la cuarta copa[4].

* * *

Me encanta la palabra *trascendente*. El diccionario la define como algo «que está más allá de los límites de cualquier conocimiento posible» y que trasciende al «traspasar los límites de la experiencia posible». Esta definición me recuerda un versículo de Efesios: «Y ahora, gloria sea a Dios, quien por el formidable poder que actúa en nosotros puede bendecirnos infinitamente más allá de nuestras más sentidas oraciones, deseos, pensamientos y esperanzas» (Efesios 3:20, LBD). A fin de cuentas, la cuarta copa es hacer algo que va más allá de nosotros mismos, vivir la vida más allá de sus límites. Esto solo es posible cuando servimos a un Dios extraordinario.

> La cuarta copa es hacer algo que va más allá de nosotros mismos, vivir la vida más allá de sus límites.

La mayoría de la gente no se considera transformadora del mundo. En cambio, Dios nos ve así. Todos queremos satisfacción en la vida, pero la satisfacción que la mayoría de la gente busca se recibe en medio de la acción, no a un lado. Nuestras vidas cambian por completo cuando hallamos dónde encajar mejor, nos equipamos y servimos a otras personas. La mayor satisfacción la hallamos cuando vivimos más allá de nosotros mismos y convertimos nuestra pasión en servicio; cuando lo hacemos, cambiamos al mundo.

Vi esto en acción de primera mano cuando era pastor de jóvenes en Colorado. Dirigía un campamento anual que ayudaba a convertir a cientos de adolescentes en personas que transformaban el mundo. Nuestro equipo de liderazgo estaba convencido de que si esos jóvenes de ambos sexos tenían una gran visión del mundo, si entendían que Dios quería usarlos en su gran proyecto para hacer grandes cosas, se disiparían las cuestiones triviales que plagaba a la mayoría de los adolescentes.

> *Dios quiere que su poder esté en la vida de todas las personas. A Él le encanta tomar personas ordinarias y utilizarlas para hacer cosas extraordinarias.*

Así fue. Tras once años de ministerio a los jóvenes, fui testigo de algunas sorprendentes transformaciones. Pocos de los estudiantes anduvieron en drogas, en fiestas y ni siquiera en citas clandestinas. Al contrario, casi todos fueron a viajes misioneros, se ofrecieron para servir en varios ministerios o hallaron formas novedosas de servir a otros con sus dones. El secreto era que se veían como transformadores del mundo.

¿Y por qué todos no nos vemos de la misma manera?

A través de la historia, las personas han dado por sentado que hay dos tipos de cristianos: ministros y no ministros. Este modelo parece tener sus raíces en el Antiguo Testamento, donde está bien claro que el Espíritu de Dios obraba por medio de sacerdotes y sumo sacerdotes, personas especiales con encomiendas sobrenaturales de Dios.

Sin embargo, todo cambió en el Nuevo Testamento cuando Jesús entró en escena. Jesús vio a personas ordinarias y les dijo: «Ustedes son la luz del mundo [...] Recibirán poder cuando el Espíritu Santo descienda sobre ustedes; y serán mis testigos [...] hasta los lugares más lejanos de la tierra» (Mateo 5:14; Hechos

1:8). El mensaje es claro: Dios quiere que su poder esté en la vida de todas las personas. A Él le encanta tomar personas ordinarias y utilizarlas para hacer cosas extraordinarias.

No tardó mucho para que los cristianos convirtieran el ministerio en una profesión y emplearan a algunas personas para que dirigieran sus iglesias. A esas personas las llamaron *clérigos* y pronto el resto del cuerpo de Cristo se quedó a un lado a observar. Podían ser parte de una «iglesia» sin ningún sacrificio ni compromiso con el bienestar de la comunidad.

La Reforma Protestante del siglo XVI trató de cambiar las cosas. Enfatizó la «nueva» revelación de que todos los cristianos eran parte del «sacerdocio de creyentes». Sin embargo, nada cambió de veras. Siguieron los dos grupos: el clero y el laicado. Lo lamentable es que todavía es así la forma en que lo ve hoy en día la inmensa mayoría de las personas. Y por eso es que muchos cristianos luchan y se preguntan por qué se sienten tan vacíos. Y las iglesias luchan sin que participen todas las partes del cuerpo de Cristo.

* * *

Cuando comencé la *Church of the Highlands* en Birmingham, a menudo salía a comer con nuestros nuevos miembros. Un día salí a almorzar con una persona llamada Bill Borland, al que llamábamos «Buzz». Mientras comíamos y nos conocíamos, Buzz vio a un amigo en otra mesa del restaurante y le hizo señas. Cuando su amigo se acercó a nuestra mesa, Buzz me presentó como su «predicador» (añádale un fuerte acento sureño), y estuvimos conversando hasta que regresó a su mesa. Cuando Buzz y yo nos sentamos de nuevo, le dije:

—¡No soy tu predicador!

—¡Claro que sí! —me respondió de buen humor. En su mente tenía claro que los predicadores son personas que predican un buen sermón todas las semanas, y los días entre semana visitan hospitales y a los que no han aceptado a Cristo.

—No —le dije con énfasis—. ¡Tú eres el predicador! Mi responsabilidad es la de *capacitarte* para tu ministerio.

Mi almuerzo con Buzz fue una revelación. Comprendí que la mayoría de los cristianos no tiene idea de cuál es el verdadero papel del pastor. Según Efesios 4:11-12 (NVI®), Dios proporcionó pastores (así como apóstoles, profetas, evangelistas y maestros), «a fin de capacitar al pueblo de Dios para la obra de servicio, para edificar el cuerpo de Cristo». No hay nada que respalde la tradicional diferencia entre el clérigo y el laico. Es evidente que Dios no la tenía en mente.

En su lugar, montones de evidencias en las Escrituras indican que Dios quiere que *todos* sus hijos lo sirvan como embajadores. La Biblia es clara al decir que Dios pide que cada cristiano cambie al mundo. «Ustedes son linaje escogido, real sacerdocio, nación santa, pueblo que pertenece a Dios, para que proclamen las obras maravillosas de aquel que los llamó de las tinieblas a su luz admirable» (1 Pedro 2:9, NVI®).

Todos somos ministros y tenemos el llamado a servir. Mucha gente piensa que, porque soy pastor, tengo una mejor conexión con Dios. En cambio, no es así. Cuando juego al golf y amenaza un mal tiempo, alguien casi siempre me dice: «Tú eres pastor, ¡haz algo!». Yo le sonrío y le digo: «Yo soy vendedor, no administrador».

Aunque nuestros dones y contribuciones pueden ser diferentes, todos somos iguales en importancia. «Dios, de su gran variedad de dones espirituales, les ha dado un don a cada uno de ustedes. Úsenlos bien para servirse los unos a los otros» (1 Pedro 4:10).

Todos somos esenciales e importantes por igual, aunque Dios nos creó a cada uno con diferentes propósitos. Y lo hizo con toda intención. Tú no eres uno en un millón. ¡Eres único! Algunos piensan que son uno de un montón, y que no tienen casi nada que contribuir. Y no les ayuda para nada que el diablo refuerce ese concepto susurrándoles: «No eres nadie. No tienes nada de especial. No tienes ninguna importancia».

Sin embargo, eso no es cierto. La Biblia es muy clara en cuanto a esto: «Los que pertenecen a la iglesia pueden tener distintas capacidades, pero todas ellas las da el mismo Espíritu. Se puede servir al Señor Jesús de distintas maneras, pero todos sirven al mismo Señor. Se pueden realizar distintas actividades, pero es el mismo Dios quien da a cada uno la habilidad de hacerlas. Dios nos enseña que, cuando el Espíritu Santo nos da alguna capacidad especial, lo hace para que procuremos el bien de los demás» (1 Corintios 12:4-7, TLA). Es necesario aceptar nuestra singularidad y nuestros talentos.

Cuando aceptamos el hecho de que somos únicos y especiales, podemos comenzar a experimentar una verdadera satisfacción. Mi mayor anhelo es que la gente halle y viva la pasión que Dios ha puesto en ella. No hay más grata sensación que la de saber que servimos a Dios en cualquier capacidad que creó para que allí le sirvamos. La meta suprema es poder decir: «¡Me hicieron para esto!».

Es triste, pero muchas personas, y quizá tú seas una de ellas, andan por ahí pensando: Es demasiado tarde. Ya he fallado mucho en la vida. El lío es demasiado grande y demasiado difícil de desenredar. ¡No creas eso! Dios hasta puede tomar grandes fallos y convertirlos en dones que puede usar. Dime, ¿quién mejor puede sentarse con alguien que está pasando por un divorcio que alguien que pasó por ese tipo de problema?

> *La verdadera satisfacción nunca viene de forma exclusiva; solo se puede alcanzar dentro de un grupo de personas.*

La suprema satisfacción es ministrar a otros contándoles nuestras propias historias únicas.

* * *

La satisfacción plena se alcanza también siendo parte de un grupo. Fíjate cómo expresó Dios su promesa definitiva en Éxodo 6:7: «Te tomaré como pueblo mío». Nunca prometió hacerte *una persona* realizada en aislamiento. Prometió hacerte *parte de la familia*. La verdadera satisfacción nunca viene de forma exclusiva; solo se puede alcanzar dentro de un grupo de personas.

Estoy convencido de que la gente, al fin y al cabo, busca tres cosas. Y las tres pueden hallarse como parte de un equipo. Las llamo las tres «C» del trabajo en equipo.

Primero, todos quieren hacer alguna *contribución*. Todos queremos *progreso*, no solo perspectiva y participación. Todos queremos lograr que sucedan cosas. Y siempre avanzamos más en grupo.

A continuación, todo el mundo quiere una *comunidad*. Uno de los mayores gozos del trabajo en equipo es ser parte del equipo. Así nos hizo Dios: somos seres gregarios, no seres que viven aislados. Por eso, el enemigo de nuestras almas hace lo que tenga que hacer para destruir nuestras relaciones. Está tratando de detener nuestro potencial de marcar una diferencia.

> *Cuando invertimos en la vida de otros y actuamos para alcanzar juntos las metas de Dios, se disfruta mucho más al celebrar juntos.*

Por último, todos quieren una *celebración*. Ahora bien, las fiestas son divertidas, pero no cuando estamos solos. Los deportes entretienen, pero no cuando estamos solos.

Cuando invertimos en la vida de otros y actuamos para alcanzar juntos las metas de Dios, se disfruta mucho más al celebrar juntos. Todos disfrutamos la victoria y una mayor percepción de la bondad de Dios.

Ya sea que lo sepamos o no, somos necesarios. Dios nos diseñó para que fuéramos una parte importante de su plan. Otras personas nos esperan ahora mismo para que nos unamos a ellas en marcar una diferencia. Es hora de beber de la cuarta copa.

Aquí tienes una oración sencilla para que comiences a beber de la Copa de Alabanza:

Padre:

Gracias por diseñarme para vivir una vida plena. Gracias por hacerme parte de tu familia junto a tantos notables hermanos y hermanas. Estoy sorprendido de todo cuanto me has dado y todo cuanto me has llamado a hacer en tu Reino. Te alabo, Señor, y te doy gracias por toda tu bondad y misericordia. Gracias por tus copas de promesas y el privilegio de beber de cada una de ellas. Amén.

UN MODELO PARA LOS LÍDERES DE LA IGLESIA

*Las iglesias se fortalecían
en su fe y el número de creyentes
crecía cada día.*

HECHOS 16:5

DESDE QUE COMENZÓ nuestra iglesia en 2001, hemos dedicado los primeros veintiún días de cada año a la oración y al ayuno. Una de las cosas que hacemos durante esa temporada es tener matutinos de oración en la iglesia de seis a siete de la mañana. Los presentes pueden adorar juntos, orar cada uno por su cuenta durante treinta minutos y luego unirnos de nuevo para la oración colectiva.

Hace varios años, mientras asistía a una de esas reuniones de oración, oí que Dios me hablaba. Cuando digo esto, no me refiero a que fuera una voz audible. Sin embargo, tampoco me refiero a que fuera una simple «impresión». Todos los días tengo muchas de esas experiencias que suelo pensar que provienen de Dios. Esta, en particular, era diferente. Fue clara y me dejó una sensación de responsabilidad... que llamo carga. Digo que fue diferente, porque fue una experiencia que solo había tenido dos veces antes: la noche en que Dios me llamó a dedicarme al ministerio cuando yo tenía veinte años, y el día que Dios me llamó para que fuera a Birmingham en mayo de 2000.

Esa vez oí que Dios me decía: *Ayuda mil iglesias con una asistencia de menos de mil personas a alcanzar todo su potencial.* Me puse a orar en cuanto a esta visión y en seguida me llegaron ideas a la mente sobre cómo podría hacer tal cosa. Organicé un equipo de personas que trabaja conmigo y comencé a soñar con ellos sobre cómo preparar, respaldar y solidarizarnos con otros pastores para ayudarlos al alcanzar todo su potencial.

No quería ser presuntuoso ni dar por sentado que los pastores querían nuestra ayuda, por lo que decidimos poner a prueba la idea y ofrecer un curso de capacitación de dos días para los pastores que querían un poco de ayuda sobre cómo hacer crecer sus iglesias. No hicimos publicidad alguna. Me limité a poner una nota en Twitter. Más de cien pastores se matricularon para asistir al primer curso que llamamos *GROW Leadership Intensive* [CRECER Liderazgo Intensivo]. Ahora, tres años más tarde, ayudamos a más de dos mil pastores cada año mediante preparación, dotación de recursos y asesoramiento. Es una de las cosas más satisfactorias que hago. Es más, *sé* que me crearon para esto.

* * *

Dudo que se sorprendan si les digo que las Cuatro Copas se han convertido en mi filtro para ministrar y enseñar a otras iglesias. En nuestra iglesia, nos enfocamos en cuatro esferas porque estoy convencido de que siempre ha estado en el corazón de Dios que se hagan estas cuatro cosas en nuestra vida. En realidad, creo que esta es la visión de Dios para cada persona y cada iglesia.

Para mí, la cuestión no es *qué* hacer, sino *cómo* hacerlo. Y por favor, entiende que no es que solo haya una manera. Los sistemas son lo que hacemos para llevar a cabo una visión; es nuestro programa, nuestros rieles para correr por ellos. Respaldo por completo a otros que emplean sistemas diferentes. Está bien que tengan firmes opiniones en cuanto a sus sistemas. Hablo de la forma en que ponemos en práctica las Cuatro Copas en mi iglesia a manera de inspiración y aliento, no para que sean un modelo exclusivo.

No estoy enamorado de nuestro modelo. Estoy dedicado a ver personas salvadas, liberadas, redimidas y realizadas. Así es que definimos el éxito en nuestra iglesia: *que la gente vaya de donde está hacia donde Dios quiere que esté.* Nuestra definición es la esencia de las Cuatro Copas de Promesas. Queremos ver que los perdidos se salven, que los que se salven se liberen de sus problemas, que los que se liberen descubran su llamado redentor y que los que descubren su llamado redentor lo vivan siendo parte de un equipo que marca diferencias. No importa cómo lo hagan en tu iglesia, si estás dispuesto a que las Cuatro Copas te dirijan, de seguro que conducirás personas por una sorprendente ruta de crecimiento. Aquí tienes la forma en que aplicamos las Cuatro Copas en nuestra iglesia.

1. LA COPA DE SALVACIÓN: CULTOS DE FINES DE SEMANA

Nuestra más alta prioridad y el paso más importante es librar a la gente de las ataduras del pecado al comunicarles las buenas nuevas de Jesucristo. Las otras tres copas se basan en esta primera. Y en verdad, la primera copa es la única que se necesita para la vida eterna. Así que nada llega más cerca del corazón de Dios que el que la gente se salve. Lo vemos en Lucas 15 y sus parábolas de la oveja perdida, la moneda perdida y el hijo perdido. Sin duda alguna, buscar a sus hijos perdidos es prioridad de Dios. En cada historia, el mensaje es claro: Dios se concentra más en los perdidos que en los hallados. Por eso envió a su Hijo unigénito para que muriera por nosotros.

Hace varios años, mientras nuestra familia estaba de vacaciones, Joseph, el menor de nuestros cinco hijos, desapareció. En ese tiempo, solo tenía once años, padecía del espectro autista y tenía dificultad para comunicarse con extraños. Andábamos con varias familias de tienda en tienda, comprando y comiendo, y Joseph quiso buscar un inodoro sin avisárnoslo. Cuando salió del baño, ya habíamos caminado varias cuadras y el chico decidió ir en dirección contraria para hallarnos. No tardamos mucho en darnos cuenta de que se nos había extraviado y quedamos aterrados. Con desesperación, la familia entera se dispersó por diferentes rumbos en busca de Joseph. Por treinta y cinco minutos (que parecieron una eternidad) estuvo perdido.

Cuando me dirigí a uno de los guardias de seguridad, pareció no interesarle o por lo menos no pareció sentir la misma urgencia que yo por encontrar a mi hijo. Con las manos en el bolsillo, dijo: «Bueno, ¿buscaron por el lugar donde lo vieron por última vez?». Su respuesta me irritó y le dije: «¡Usted es el único que tiene una radio! ¡Ayúdenos a encontrarlo!». Me sentí muy frustrado por su pasividad e inactividad.

A veces me imagino que Dios se siente de la misma manera. Lo que quiere es que lo ayudemos a encontrar al hijo perdido. Nunca hubo un momento en la búsqueda en que yo pensara: *Tengo otros cuatro hijos. Ochenta por ciento no está mal.* No, ni siquiera pensaba en mis otros hijos en ese momento. Lo único que deseaba era hallar a Joseph. Mis otros hijos estaban ayudándonos en la búsqueda, pero si uno se me hubiera acercado en ese momento a decirme: «Papá, ¿qué te parece si nos tomamos un helado ahora?», yo hubiera pensado: *¡Tú de veras que no entiendes!*

De veras, me imagino que Dios siente lo mismo cuando le pedimos cosas para nosotros cuando Él está preocupado con los hijos perdidos. Sí, se goza en contestar nuestras oraciones. En cambio, tiene más importancia para Él hallar a sus hijos que todavía andan perdidos.

Cuando encontramos a Joseph, nos sentimos muy agradecidos y aliviados, pero eso es solo una fracción de lo que Dios debe sentir cuando un hijo perdido vuelve al hogar. Jesús prometió que si no nos concentramos en alcanzar a los perdidos, estaría con nosotros hasta el fin de las edades. Así que tomamos la decisión de que la Copa de Salvación tuviera prioridad en nuestra iglesia.

Hemos descubierto que es más fácil ofrecer la Copa de Salvación en nuestros cultos dominicales. Nuestra meta es crear un ambiente en el que las personas puedan salvarse. Siempre tenemos que estar recordándonos que la iglesia no existe solo para las personas que ya están allí, sino para las que todavía no están. Hay una atracción gravitatoria natural que crea experiencias para los que ya forman parte de la familia de Dios, y no cabe duda de que sea importante y tenga su lugar. Hablaremos más de esto en un momento.

No obstante, si queremos ministrar como Jesús, necesitamos que haya perdidos a nuestro alrededor. Aunque Jesús era bien santo, atraía personas de todos los ámbitos de la vida. Los pecadores y los marginados de su época (prostitutas, cobradores de impuestos, adúlteros, leprosos) disfrutaban estar en su presencia. Nunca se sentían inferiores, ni despreciados, ni condenados por Jesús. No podemos dejar que nuestras iglesias se conviertan en un lugar adonde los perdidos no vienen ni quieren venir.

Dios se preocupa más por los de afuera que por los de adentro. Se preocupa más por los perdidos que por los hallados. La cuestión es *cómo* atraer a los perdidos. ¿Cómo puede la evangelización no tener complicaciones y seguir siendo potente? ¿Cómo puede ser atractiva y natural sin volverse absurda o demasiado sentimental? A algunos cristianos les preocupa que a veces seamos demasiado suaves y diluyamos el evangelio. Sin embargo, no me malentiendan: hay un lugar para la confrontación. Esta llega más tarde en el trayecto. Sería bueno que recordáramos que «su bondad quiere llevarte al arrepentimiento» (Romanos 2:4, NVI®).

Tenemos que seguirles la corriente para ganarlos. Pablo, el apóstol a los gentiles (los que no son judíos), escribió: «De todos me he hecho esclavo para ganar a tantos como sea posible [...] Me hice todo para todos, a fin de salvar a algunos por todos los medios posibles» (1 Corintios 9:19, 22, NVI®).

Así que siempre nos estamos peguntando: «¿Estamos atrayendo a los perdidos? ¿Están viniendo? ¿Están bebiendo de la primera copa los que vienen? ¿Se está salvando la gente?». Si no podemos responder que sí a cada una de estas preguntas, tenemos que introducir algunos cambios. Pedimos comentarios. Tratamos de practicar la crítica constructiva a fin de poder crear un lugar donde la gente que anhela saciar su sed del Dios vivo pueda beber de la primera copa: el Agua Viva de la salvación por medio de su Hijo, Jesucristo.

2. LA COPA DE LIBERACIÓN: GRUPOS PEQUEÑOS DINÁMICOS

Después de salir de Egipto, los hijos de Israel dejaron de ser esclavos, pero seguían teniendo la misma mentalidad y las mismas actitudes de los esclavos. No sabían actuar como personas libres en sus relaciones con su amoroso Padre. Eran salvos de la esclavitud en Egipto, pero su antigua manera de actuar todavía imperaba en sus vidas. En cuanto a nosotros, encontramos la libertad del pecado cuando nos salvamos, pero casi siempre seguimos permitiendo que el pecado gobierne nuestras vidas.

Recordarás que cuando hablamos de la segunda copa, dijimos que la salvación es instantánea, pero la liberación es un proceso. «Mis queridos hermanos [...] lleven a cabo su salvación con temor y temblor, pues Dios es quien produce en ustedes tanto el querer como el hacer para que se cumpla su buena voluntad» (Filipenses 2:12-13, NVI®). Una vez más, la mayoría de nosotros puede que esté de acuerdo con que necesitemos ejercitar nuestra fe con temor y temblor, ¿pero cómo vamos a hacerlo? ¿Cómo lidiamos con nuestros asuntos personales y nuestros más vergonzosos secretos? ¿En un grupo donde casi todos los presentes son extraños? ¿O en la seguridad de personas que hemos llegado a conocer y en las que hemos llegado a confiar?

Algunas personas dicen: «Yo resuelvo esto con Dios y en privado. Es algo entre Él y yo». El único problema es que ese no es el plan de Dios. Su Palabra no puede ser más clara: Acudimos a Dios en busca de perdón (1 Juan 1:9) y vamos al pueblo de Dios para recibir restauración (Santiago 5:16). En los grupos pequeños es donde lidiamos con los asuntos feos y vivimos nuestra fe como un proceso. Al vivir nuestras vidas con otros seguidores de Jesús, nos ganamos el derecho de hablar y ser oídos... de ser transparentes unos con otros. Creamos un lugar seguro donde sabemos que nos aman y aprecian, por muy feas que sean nuestras luchas o muy dolorosas que sean nuestras confesiones.

Los verdaderos cambios en la vida suceden en el contexto de nuestras relaciones. Siempre ha sido así y siempre será así. La información en sí nunca transforma la vida de las personas. Y por eso es que debemos seguir la fórmula de Dios para experimentar verdadera liberación.

> *Mantengámonos firmes sin titubear en la esperanza que afirmamos, porque se puede confiar en que Dios cumplirá su promesa. Pensemos en maneras de motivarnos unos a otros a realizar actos de amor y buenas acciones. Y no dejemos de congregarnos, como lo hacen algunos, sino animémonos unos a otros, sobre todo ahora que el día de su regreso se acerca.*
>
> HEBREOS 10:23-25

Por eso es que alentamos a todas las personas de nuestra iglesia a pertenecer a un grupo pequeño con otros creyentes. Estos grupos no son cultos pequeños de iglesia; y no siempre son ni siquiera estudios bíblicos (aunque la mayoría de los grupos siguen algún tipo de currículo de estudio bíblico). Son reuniones pequeñas donde se establecen relaciones y se crea un ambiente donde puede haber verdadera transparencia. En mi anterior libro, *Fresh Air,* hablo del poder de la comunidad espiritual y de cómo todos queremos ir a donde todos saben cómo nos llamamos.

Todos necesitamos que se nos conozca como un valioso miembro de un grupo. Si nuestro culto del domingo va a ofrecer la Copa de la Salvación, nuestros grupos pequeños siempre estarán ofreciendo la Copa de la Liberación. Para que la gente siga creciendo y viviendo en la libertad de las promesas que nos ofrece Dios, con frecuencia nos preguntamos: «¿Están los que asisten a nuestra iglesia bebiendo de la segunda copa? ¿Son personas que se ocupan de sus problemas? ¿Se acerca nuestra gente a otros creyentes y experimenta restauración?».

3. LA COPA DE REDENCIÓN: UN PROCESO DE CRECIMENTO INTENCIONAL

Esto es parte de la peregrinación cristiana que muchos creyentes no llegan a experimentar. Si se empantanan en la Copa de Liberación, quizá no alcancen la plenitud de la libertad que se necesita para descubrir su propósito en la vida y alcanzarlo. Sin embargo, ¡ese es su principal deber! Nos crearon para eso. Cuando descubrimos para qué nos crearon, experimentamos un nivel de satisfacción y gozo que no tiene igual.

Al practicar nuestros dones y servir a los demás, equipamos a otros para que puedan vivir en libertad y utilizar sus dones y capacidades. Este es el propósito de los pastores y los líderes de iglesias: equipar a los santos.

A cada uno de nosotros se nos ha dado gracia en la medida en que Cristo ha repartido los dones [...] Él mismo constituyó a unos, apóstoles; a otros, profetas; a otros, evangelistas; y a otros, pastores y maestros, a fin de capacitar al pueblo de Dios para la obra de servicio, para edificar el cuerpo de Cristo. De este modo, todos llegaremos a la unidad de la fe y del conocimiento del Hijo de Dios, a una humanidad perfecta que se conforme a la plena estatura de Cristo.

EFESIOS 4:7, 11-13, NVI*

Nuestro deber es ayudar a las personas a hallar y desarrollar sus dones de gracia. El término «gracia» en griego es *caris*, del cual se deriva la palabra caridad, en el sentido de dar a otros de la abundancia que recibimos. Cada creyente tiene una capacitación divina, y con todo, muchos no saben la capacitación que recibieron. No es una cuestión de darles a las personas más información e instrucción, como si fueran robots que puedan programarse. Más bien es una cuestión de *relación*. El proceso de discipular comienza ayudando a otra persona a descubrir los dones que tiene. Después la ayudamos a desarrollar esos dones para la gloria de Dios.

En muchos casos, los cristianos piensan que *discipular* es solo aprender más de Dios y la Biblia. Aprender es importante, pero un aprendizaje dirigido es mejor. Por ejemplo, uno no va a la universidad y se limita a tomar clases. Comienza el proceso de obtener un título al decidir una especialidad o teniendo en mente a qué desea dedicarse cuando termine sus estudios. De igual manera, serás un mejor discípulo de Cristo si descubres cuál es tu llamado y *después* tomas las clases.

No importa el don especial que hayamos recibido, nuestra tarea es ayudar a cada creyente a descubrir por qué lo crearon. En nuestra iglesia, hemos hallado que necesitamos encaminarlo de una manera bien definida a fin de que logre lo que se espera de él. ¡Ahí es donde la iglesia se vuelve interesante!

Todos los meses, ofrecemos una serie de cuatro clases para ayudar a las personas a beber de la Copa de Redención. Primero, necesitan relacionarse con una iglesia local. A esto lo llamamos Iglesia 101. Es nuestra clase para miembros. Según nos hizo Dios, la gente necesita comprometerse con una comunidad de creyentes y conectarse con otros miembros de la comunidad. El primer paso es hallar una iglesia viva.

Segundo, necesitan que se les enseñe a tener una relación fuerte con Dios. Así que el segundo paso en la carrera de crecimiento de nuestra iglesia lo llamamos Esenciales 201. ¿Por qué? Porque para descubrir nuestra vocación redentora tenemos que conectarnos con el único que tiene el libro de nuestra vida en sus manos (Salmo 139). Mientras más nos acercamos a Dios, más descubrimos lo que el Señor tiene reservado para nuestras vidas.

El tercer paso es un proceso sistemático de descubrimiento que llamamos Descubrimiento 301. Utilizando una simple evaluación de la personalidad y una evaluación de los dones espirituales, las personas logran descubrir lo que pueden alcanzar entendiendo cómo las diseñaron.

Por último, el verdadero secreto de descubrir nuestra vocación redentora solo lo hallamos a través de ensayos y errores. Por tanto, llevamos a la gente a su primera oportunidad de servir con una clase llamada Equipo Soñador 401. Esta clase les brinda la oportunidad de experimentar con diferentes tipos de funciones y lugares de servicio a fin de ver de veras si eso es lo que Dios quiere que hagan. Una de las mejores cosas que hacemos es permitir que las personas prueben diferentes aspectos del ministerio en la iglesia antes de comprometerse a largo plazo a alguna labor. La mayor parte del crecimiento en nuestro discipulado personal se producirá *después* que comenzamos a hacer algo con nuestras vidas... no antes. Así es que el verdadero discipulado tiene lugar: discipulando.

Por lo tanto, nos preguntamos a menudo: «¿Está la gente experimentando la tercera copa? ¿Está descubriendo su vocación redentora? ¿Está desarrollándose para cambiar al mundo?». Queremos asegurarnos de que todo lo que hacemos contribuye a equipar y soltar a los que cambian al mundo.

4. LA COPA DE ALABANZA: EL EQUIPO SOÑADOR

Desde el principio, aun antes de que empezáramos nuestra iglesia, organicé a un grupo de personas que de inicio llamamos Equipo de Lanzamiento. Sin embargo, estaba teniendo problemas para que el equipo me ayudara con ideas sobre nuestra nueva iglesia. Estaban acostumbrados a que se les dijera lo que tenían que hacer, lo cual era producto de sus experiencias en sus antiguas iglesias donde los líderes eran los únicos que tenían derecho a la visión.

Como yo quería que *soñaran* conmigo, decidí una noche, en una reunión como dos meses antes de empezar la nueva iglesia, cambiarle el nombre a Equipo de Soñadores. No solo porque los veía como lo máximo (como el equipo de baloncesto estadounidense que se lució en las Olimpiadas de 1992), sino también porque yo quería que soñaran junto a mí.

Y así sucedió. Desde esa noche, llegaban con ideas estupendas para comenzar una iglesia que nunca había escuchado, y ahora Equipo de Soñadores es como llamamos a las personas que sirven como voluntarias en nuestra iglesia. En la fiesta del Equipo de Soñadores (donde le agradecemos a la gente y celebramos a su lado), les recuerdo a todos que no solo los atletas ganadores de medallas de oro son los que constituyen el equipo supremo. También lo son ellos... y personas como tú.

Como discutimos en el capítulo sobre la cuarta copa, experimentamos la suprema sensación de realización cuando cumplimos el propósito que nos da Dios como parte de un equipo.

Dios dijo: «Haré de ustedes mi pueblo», no «mi persona». Desde luego, cada uno es hijo de Dios, ya sea hijo o hija; pero en su promesa a nosotros, es evidente que nos crearon para un propósito que es mucho mayor que nosotros mismos. Nos diseñaron para ser parte de una causa, un movimiento, una misión. Sin lugar a dudas, a esto se destina a ser el cuerpo de Cristo, la iglesia.

Dios dijo: «Te tomaré como pueblo mío», y Él honra su promesa al hacernos parte de su familia, parte de un equipo consagrado a hacer la única diferencia que de veras importa. Recordarás que la cuarta copa se llama *halel*, o la Copa de Alabanza. Cuando bebemos de esta copa, es como tratar de beber de un vaso que está lleno hasta el tope. Cuando lo llevamos a los labios, se desborda.

Experimentar la cuarta copa es la suprema señal de la obra de Dios en nuestras vidas. En vez de sentirse uno sobrecargado por el ministerio, se siente un verdadero gozo, un desinteresado dar de lo que somos y lo que significamos. Nos sentimos conectados a otros y somos conscientes del privilegio de compartir nuestras vidas con las suyas. Si el propósito es el verdadero secreto de la felicidad, te diré que no hay persona más feliz que la que marca una diferencia.

Pablo conocía este secreto, y no vacilaba en darlo a conocer a los que lo rodeaban. Escribió: «No nos desanimamos. Al contrario, aunque por fuera nos vamos desgastando, por dentro nos vamos renovando día tras día. Pues los sufrimientos ligeros y efímeros que ahora padecemos producen una gloria eterna que vale muchísimo más que todo sufrimiento. Así que no nos fijamos en lo visible sino en lo invisible, ya que lo que se ve es pasajero, mientras que lo que no se ve es eterno» (2 Corintios 4:16-18, NVI®). Pablo encontraba problemas dondequiera que iba (tormentas, persecución, prisión, golpizas), pero sentía un gozo inmenso que nunca cambiaba.

En nuestra iglesia, el problema no es conseguir más voluntarios para hacer más actividades y completar más tareas. Es que la gente haga cosas de valor eterno. Para mantenernos enfocados en vivir la Copa de Alabanza, con regularidad nos preguntamos: «¿Está nuestra gente viviendo a plenitud como parte de un equipo que marca la diferencia?». Recuerda, éxito es lograr que la gente se aparte de donde está y se traslade a donde Dios quiere que esté.

Si quieres que tu iglesia se plante en el centro de las cuatro copas de promesas, organiza tu ministerio alrededor de mover a la gente. Yo les digo a los míos: «Muevan o ayúdennos a mover personas». Es la mayor aventura que podemos soñar con vivir, junto con las personas más increíbles que podemos esperar conocer jamás.

Algunos dicen que la iglesia de hoy ha dejado de ser relevante, que es anticuada, miope y terca. Si conoces iglesias como esas, es una pena. Porque esa no es la iglesia viva, llena del Espíritu, inspirada por Dios y dirigida por Cristo que Dios tiene en mente. Él nos llama a vivir sus cuatro copas de las promesa.

Nosotros somos su pueblo y Él nos rescató de la esclavitud. Tras habernos desatado las ataduras del pecado, ahora nos libra del poder del pecado al crecer y madurar. Como si estos dos dones no bastaran, Dios también nos redimió (¿recuerdas los sellos S&H Green?) y convierte nuestras obras en su obra maestra. Por último, Él permite que seamos parte de una familia, de un Equipo de Soñadores de otros hermanos y hermanas en la fe consagrados a conocer y servir a Dios por el mucho amor que le tenemos.

En la tradicional festividad judía de la Pascua, después de la cuarta copa, *halel*, los participantes recitan una oración que mira al futuro y que habla de la misericordia y la bondad de Dios. En ese mismo espíritu de gozo, te ofrezco esta oración:

> *Que el Dios que dividió el Mar Rojo para que los israelitas pasaran en su huida de Egipto quite cualquier obstáculo en tu vida que dificulte tu libertad. Que puedas probar la alegría no solo de tu salvación, sino de tu liberación del pecado que te acosa. Que aceptes la búsqueda de tus más caros sueños a medida que tu Padre redime tu vida y te revela sus propósitos. Y que puedas saborear la sobreabundante satisfacción de pertenecer a su familia, por siempre jamás.*
> *Amén.*

NOTAS

1. *State of Recidivism: The Revolving Door of America Prisons*, The Pew Center on the States Public Safety Performance Project, abril de 2011, p. 2.
2. Rick Warren, «You Are Shaped for Significance», serie de sermones, © 2013 Saddleback Resources; http://www.saddlebackresources.com/006200_You-Are-Shaped-For-Significance-C944.aspx.
3. Tommy Barnett, entrevista en la conferencia de *Hillsong*, Sídney, Australia, 3 de julio de 2013. El autor estuvo presente en esta conferencia.
4. Estas descripciones de la expandida jerarquía de necesidades se adaptaron de «Maslow's Hierarchy of Needs», *SimplyPsychology*, publicada en 2007 y puesta al día en 2013; http://www.simplypsychology.org/maslow.html.

RECONOCIMIENTOS

A todos mis amigos que me ofrecieron apoyo, estímulo y ayuda en este proyecto, les estoy más agradecido de lo que puedan imaginar siquiera. En especial, me siento en deuda con:

Mi esposa, Tammy: Has sido muy amorosa y solidaria en todo lo que siempre he hecho. Eres un regalo de Dios y te amaré por siempre.

Mis hijos, Sarah, Michael, David, Jonathan y José: Aunque proyectos como este suelen tomar mucho tiempo, ustedes siempre me alentaron para que los hiciera. Ustedes entienden el propósito de nuestras vidas. Los amo con todo mi corazón.

Mi asistente (y hermana) Karol Hobbs: Dicho en pocas palabras, no puedo hacer lo que hago sin tu ayuda. Gracias por tu duro trabajo y devoción.

Al Equipo Directivo de Highlands: Bonnie Bennett, Steve Blair, Hamp Greene, Denny Hodges, Scott Montgomery, Mark Pettus y Layne Schranz: Mediante su fidelidad a Dios y estos principios, en nuestra iglesia se ha creado una cultura de discipulado intencional que ha tocado la vida de miles de personas. Me gozo en servir en el equipo junto a ustedes.

A mi pastor, Larry Stockstill: Su amor por Dios y su pasión por las almas me ha inspirado durante más de treinta y cinco años. Gracias por ser un padre espiritual para mí.

A mi escritor, Dudley Delffs: Gracias por trabajar conmigo en este proyecto y por ayudarme a expresar con claridad estas verdades.

A todo el equipo de Tyndale Momentum: Gracias por su dedicación.

A Jesús mi Rey, más que a nadie: Gracias por considerarme fiel cuando yo era infiel, y por permitirme tener una pequeña parte en tu gran proyecto. Es un gozo conocerte y ser un siervo tuyo.

ACERCA DEL AUTOR

CHRIS HODGES es autor del superventas *Fresh Air*, reconocido por el *New York Times*, y fundador y pastor principal de *Church of the Highlands*, con instalaciones en todo el estado de Alabama. Desde sus inicios en 2001, *Church of Highlands* ha experimentado un tremendo crecimiento y se le conoce por su interés en el desarrollo de nuevas vidas y se enfoca en guiar a las personas a una íntima relación con Dios. Chris es cofundador de la *Association of Related Churches* (ARC) y fundador de la red de instructores *GROW*. Es también fundador y presidente del *Highlands College*, una escuela de formación para el ministerio. Chris y su esposa, Tammy, tienen cinco hijos y viven en Birmingham, Alabama.

Lanzamiento de iglesias crecientes y dadoras de vida

¿Eres un fundador o líder de iglesia, o perteneces a una iglesia en transición? La *Association of Related Churches* (ARC) brinda apoyo, dirección y recursos de cuatro maneras clave:

- *Ayudamos a comenzar fuertes.* Te mostramos cómo establecer tu equipo de lanzamiento, recaudación de fondos, constituir un equipo de adoración, desarrollar tu ministerio de niños y tomar impulso, de modo que puedas abrir tus puertas con excelencia. Si comienzas fuerte, tienes una mayor oportunidad de crecer fuerte.
- *Alcanzamos a los no creyentes.* Con más de ciento diez millones de estadounidenses que nunca o rara vez asisten a la iglesia, es crítico que atravesemos los muros transculturales, a fin de alcanzar al perdido. ARC se ocupa de ayudar a las iglesias a permanecer culturalmente relevantes, las cuales se caracterizan por la enseñanza basada en la Biblia, las relaciones auténticas y los ministerios dinámicos de la familia.

- *Entablamos relaciones.* Las relaciones sólidas son la base para el crecimiento en cualquier aspecto de la vida. A medida que las iglesias de ARC se multiplican por todo el país, te unirás a un grupo cada vez mayor donde las personas se comprometen al éxito mutuo.
- *Apoyamos financieramente.* Sabemos que hace falta dinero para ministrar. Por eso ARC invierte de manera financiera en la visión de comenzar nuevas iglesias.

Para más información, visita *ARC* en línea en:
www.weplantlife.com.

NOTAS